"新科学教育文库"编委会

编委会主任： 朱永新
编委会副主任： 郝京华　张文虎　王伟群
编 委 会 委 员： （按姓氏音序排列）
　　　　　　　　何善亮　胡志强　贾　欣　李金华
　　　　　　　　刘　兵　刘华杰　马冠中　马宏佳
　　　　　　　　母小勇　汪　忠　王殿军　魏　科
　　　　　　　　吴俊明　吴　星　杨　洁　俞伯军
　　　　　　　　郑永春　周　川

●○总序

近年来，我国的科学技术有了迅猛的发展。尤其是在航空航天、5G、人工智能、深海探测、生物医药、桥梁高铁等领域的技术，在世界上处于第一方阵。但是总体而言，我国的科技发展水平离发达国家还有不小距离，创新型的科技人才仍很紧缺。这与我国科技发展起步晚、科技体制不完善有关，也与科学教育相对落后有关。特别是科学教育目标的功利化，科学教育的内容过度知识化和学科化，科学教育的教学方式以单向灌输为主，科学教育缺乏与环境教育、工程教育、人文教育的互动与融合等，造成了科学教育成为应试的工具，许多优秀的学生不愿意从事科学技术的学习与研究工作。

谁站在讲台上，谁就决定着教育的品质。科学教师的素质是决定科学教育品质的关键。目前我国科学教育的短板是教师。科学教师数量不足、水平不高，专业化程度差，已经成为制约科学教育发展的重要因素。科学教师的培养和全面素养的提高迫在眉睫，有效促进科学教师的专业发展是改变科学教育现状、提高科学教育水平的重要保障。

　　一个人的阅读史就是一个人的精神发展史。一个科学教师的素养提高和精神发展，阅读起着非常重要的作用。这种素养的提高不仅仅要靠知识的积累。即使是教师的专业知识，也不是仅仅得之于通过书面试卷测试而来的显性知识，更不是简单依靠各种信息的大量堆积，而是应当掌握通过经验内化了的"默会知识"。因此，每一个科学教师都应该有自己的"教师专业阅读地图"，在充分考虑到个体成长的特殊性和序列性的基础上，构建一个理想的知识结构模型，从而更有效地解决不同水平与学科的教师分别该读什么和怎么读的问题，以及专业阅读如何为专业实践服务的问题。

　　新科学教育研究所是由新教育研究院（苏州）与悦读名品文化传媒（北京）有限公司、北京触动文化科技发展研究中心合作成立的研究机构，集结了国内科学教育研究的大批专家，对科学教育进行专业研究和开发，希望通过若干年的努力，形成有特色的新科学教育体系，研发新科学教育的教材与具有中国特色的项目学习工具包，同时组织国内外专家编写一套新科学教育文库，助力基础教育阶段提高学生的科学素养和促进科学教师的专业发展，使科学教育成为"让师生过一种幸福完整的教育生活"的重要组成部分。

我们计划编写并将陆续出版的新科学教育文库主要包括三类书籍：

科学教育名著译丛：这套译丛的宗旨是用他山之石攻中国科学教育之玉，关注世界科学教育发展的前沿，研究发达国家科学教育的动态，学习世界先进科学教育理论和经验。让我们的新科学教育研究能够站在巨人的肩膀上，获得更为广阔的视野。

不是所有的书籍都能成为教师的根本书籍，成为一个人的根本书籍意味着，当你深刻地理解了这本书，这本书可能就会成为你思考教育教学问题以及阅读其他书籍的原点。我们希望这套文库中的许多经典著作，能为科学教师提供并构成一个思考原点。

科学教师系列读物：这类图书主要面向一线教师，以完善科学教师的教学知识结构为主。包括：科学哲学、科学史、科学教学论、科学教学策略和方法、科学教育心理学、科学教育测量与评价等。

科学学习系列读本：这类图书的主要对象是学生，或激发学生学习科学的兴趣，或帮助学生体验科学的探究过程，或陶冶学生学习科学的情操，或是研发课程的教材，或是系列学生读本（学习材料）。

我们的梦想很大很大。但是，我们会一步一个脚印地前行。我们邀请了国内的科学教育的专家组成了阵容强大的编委会，相信我们会把一本本用心编写、翻译、出版的科学教育的书籍奉献给大家。我们愿意与中国的科学教师们一起努力，为中国的科学教育事业做出自己的绵薄贡献。

朱永新

2019年6月1日

●○目录

001　一、科学、科学教育和新科学教育

- *003*　（一）什么是科学
- *004*　1. 科学的溯源——古希腊的理性科学
- *004*　2. 科学的诞生——现代数理实验科学
- *005*　3. 科学的发展——当代社会中的科学
- *010*　（二）什么是科学教育
- *010*　1. 古代科学教育——从技艺到知识
- *011*　2. 现代科学教育——从知识到能力
- *013*　3. 当代科学教育——从能力到素养
- *016*　（三）什么是新科学教育

021　二、科学教育存在的问题

- *023*　（一）科学教育目标的功利化
- *025*　（二）科学教育对象的精英化
- *027*　（三）科学教育知识的片面化
- *029*　（四）科学教育方法的形式化
- *031*　（五）科学教育资源的分散化
- *033*　（六）科学教育教师的非专业化

035　三、新科学教育的目标和价值

037　（一）对科学，促使对科学认识自身进行反思，把握着未来科学创造的方向

039　（二）对个人，有助于养成科学的生活方式，拓展生命的长宽高，拥有幸福的人生

042　（三）对国家，有助于建设现代化强国，实现中华民族伟大复兴的中国梦

047　（四）对社会，有助于整体团结安定，人民安家乐业，和谐相处

049　（五）对人类，有助于推动人类进步，构建人类命运共同体，促进人与自然的和谐发展

053　四、新科学教育的原则与路径

058　（一）新科学教育的原则

059　1.新科学教育注重科学与人文相结合，让科学教育更有温度

062　2.新科学教育注重动手与动脑相结合，让科学教育更有力度

065　3.新科学教育注重校内与校外相结合，让科学教育更有长度

067　4.新科学教育注重分科与融合相结合，让科学教育更有深度

071　5. 新科学教育注重传统与现代相结合，让科学教育更有高度

074　6. 新科学教育注重全体与个体相结合，让科学教育更有广度

077　（二）新科学教育的实施路径

077　1. 做中学：科学教育的核心

080　2. 读中悟：做中学的引领

085　3. 写中思：做中学的升华

091　五、新科学教育的行动计划

093　（一）研发体现新教育理念的科学课程

099　（二）探索基于解决真实情景中问题的项目式学习

106　（三）推进科学教育教师的专业化成长

107　1. 科学教师的职业认同

108　2. 科学教师的专业发展

114　（四）建构家校共育为特征的新科学教育资源库

118　（五）发展有利于学生学习的新科学教育评价

123　结语（成都宣言）

126　后记

一

科学、科学教育和新科学教育

刚刚过去不久的20世纪，是科学大爆炸的世纪。科学缔造了工业时代的辉煌。走进21世纪，科学的迅猛发展更是日新月异，让人目瞪口呆。一度存在于科幻小说中的种种蓝图，正在这个时代迅速成为现实。互联网、大数据、人工智能、脑科学，正在重塑我们的世界，改变我们的生活。

萌芽于1999年的新教育实验，从诞生之初就置身于科学造就的时代漩涡之中。一方面，科学的巨大力量不由分说地摧毁着既往的秩序，人们的物质生活越来越深地依赖科学；另一方面，科学的迅猛发展在给人们的生活带来更多便利和保障的同时，并未增添更多的幸福感，反而造成压力甚至恐惧；再者，科学自身也面临挑战，科学与哲学的分离让科学丧失了反思的根本，科学与人文的割裂让科学迷失了前行的方向。

这一切，都让成长在新世纪的新教育实验，格外关注科学技术及其对于教育的影响，也一直在努力研发适合未来社会的科学教育课程。

新教育课程体系，是以生命教育课程为基础，以公民教育课程（善）、艺术教育课程（美）、智识教育课程（真）作为主干，并以"特色课程"（个性）作为必要补充的课程体系。其中，智识教育课程分为科学教育课程和人文教育课程两大类。

近年来，新教育年会已经对新教育课程体系中的新生命教育、新艺术教育课程进行了初步探索。今天，我们将简要介绍新教育在科学教育问题上的思考与探索。

（一）

什么是科学

科学有广义的科学与狭义的科学之分。广义的科学指知识与学问，不特指自然科学，也包括人文科学，可以用德文中的 wissenschaft 来标志。狭义的科学指现代自然科学，可以用英文中的 science 来标志。

在中国，"科学"一词是个舶来品，来源于日本著名科学启蒙大师福泽谕吉和启蒙思想家西周对"science"的翻译，意为"分科的学问"。这词虽有背原词的无分科之意，但也抓住了 19 世纪科学专门化、专业化、职业化的特点，且当时数学、物理、化学、天文、地理、生物已开始走独立发展之路。因此对于中文里"科学"一词，通常更普遍的理解是指自然科学，即人类对物质的自然世界的认识结果，有不同的学科。事实上，德文中的科学概念更接近古希腊文中的科学（episteme）的原意——"知识"，是对世界的"了解、理解和认识"。《现代汉语词典》对科学的定义是："反映自然、社会、思维等的客观规律的分科的知识体系。"融合了上述两种说法。

考察人类对于科学本身的认识历程可以发现，人们对科学的定义本身也是一个不断发展的过程。

1. 科学的溯源——古希腊的理性科学

"科学"一词最初的本义是知识。从科学的起源来看，公元前六七世纪的古希腊哲学家如毕达哥拉斯、柏拉图和亚里士多德等人，把科学视为个人摒除他对现实生活的关怀，采用超然冥想的沉思态度，试图穿透变幻的表象世界，认识外在世界而获得的永恒不变的真理的知识[1]。亚里士多德《形而上学》开篇的第一句就是"求知是人类的本性"，他将"知"与经验和技艺做了区分，认为最高的"知"就是"科学"，因为它是"既不提供快乐也不以满足为必需的科学"，是"为知识自身而求取知识"，是一种纯粹的、非实用知识。它们来自理性，无需外求，均来自先天观念的演绎。它们去向自由，在自明的前提下，科学用演绎法推论整个世界。其中数学是最纯粹的知识，希腊人开辟了演绎和推理的数学传统。对自由追求的精神使得哲学成为科学最高级和最理想的形态。

2. 科学的诞生——现代数理实验科学

现代自然科学诞生于16～17世纪的欧洲。现代科学有两大主要特点[2]，一是以笛卡儿"我思故我在"理念为标志，确立了人类中心，从而使科学转化为满足人们需求、解决实际问题的技术，成为征服自然和改造自然的力量，成为有用的科学。二是数理实验的诞生，即运用数学的方法，通过人为设置的特殊条件对自然过程进行干预，从而发现自然物变化的规律。填平自然物和人工制造物的鸿沟，实

---

[1] 黄光国. 社会科学的理路. 北京：中国人民大学出版社，2006：13.
[2] 吴国盛. 什么是科学. 广州：广东人民出版社，2016：147.

现自然物的改造和利用。通过实验取得科学知识的实际效用，通过数学的方法取得科学知识的普遍有效性。如果说古代希腊是求真的科学，是通过推理、论证、演绎等逻辑的方式解释世界，而现代的数理实验科学除了求真，实证成为重要的特征，重视科学的预测力，是求力的，而人类通过科学的力来影响世界，实现自己的意志，从这个意义上看，现代科学又是求利的。培根是这一新兴功利主义科学形象的代言人，他认为科学应该增进人类的物质福利，强调学者要深入实际，实现学者与工匠的结合、知识与力量的统一，以解决思想上的贫困。他把这个转变称之为学问大革新，并响亮地提出"知识就是力量"这个振聋发聩的口号。可见，这一时期的科学是求真和求利的统一。

3. 科学的发展——当代社会中的科学

近百年来，科学技术的不断创新，全面改变了人类的物质生活世界，也极大影响着人类的精神世界。科技成为人们生活中不可或缺的东西，成了国家经济发展的支撑，成了当代社会进步的重要支柱，科学技术被看作是第一生产力。目前"新一轮科技革命又蓄势待发，物质结构、宇宙演化、生命起源、意识本质等一些重大科学问题的原创性突破正在开辟新前沿新方向，一些重大颠覆性技术创新正在创造新产业新业态，信息技术、生物技术、制造技术、新材料技术、新能源技术广泛渗透到几乎所有领域，带动了以绿色、智能、泛在为特征的群体性重大技术变革，大数据、云计算、移动互联网等新一代信息技术同机器人和智能制造技术相互融合步伐加快，科技创新链条更加灵巧，技术更新和成果转化更加快捷，产业更新换代不断加快，使社会生产和消费从工业化向自动化、智能化转变，社会生产力将再次大提高，劳动生产率将再次大飞跃"[1]。

但在社会对科技满是赞叹和颂扬的同时，也出现了强烈的批判声音。这是因为20世纪中叶以来的科学与技术的高速发展，在为我们提供一幅令人兴奋画面的同时，也出现了一种可怕的图景①。这是人们对现代科学客观性、确定性、精确性、可靠性、合理性顶礼膜拜的结果。科学历史主义的创始人图尔敏对这种现象进行了尖锐的批评："科学或技术……被描绘成一种抽象的、逻辑的、机械的、没有感情色彩的归纳活动；放弃了仅仅依据技术效益而设计的集体主义政策与实践；忽视了它们对于各种各样有血有肉的人的长远影响。由于缺乏个人洞察力、情感、想象力或缺乏一种其特定活动对其他人影响的感受，科学家对于他的同胞，采取漠不关心的态度，而把对他们的关心仅仅当作是社会实验与技术实验的额外课题"[2]。

20世纪70年代后，很多学者对这种唯科学主义发出了批判的声

---

[1] 习近平指出科技创新的三大方向[EB/OL]. 2016-06-02. [2019-05-10]. http://resource.gbxx123.com/book/newscomment/share.html?thelink=http://resource.gbxx123.com/book/epubs/2016/6/2/1464826704939/ops/chapter1.html&uid=&rid=59102.

[2] 斯图亚特·里查德. 科学哲学与科学社会学. 姚尔强等译. 北京：中国人民大学出版社，1989：204-205.

注：①"技术已经产生了严重的有害结果。它已经危害着，并且仍在破坏着人与环境之间、自然与社会结构之间、人的生理组织与他的个性之间的平衡状态。无可挽回的分裂状况正在威胁着人类"（联合国教科文组织国际教育发展委员会. 学会生存——教育世界的今天和明天. 华东师范大学比较教育研究所译. 北京：教育科学出版社，1996.）

音[1]，引发了人们对科学的人文思考。人们质疑科学的客观性，注意到科学是人的实践活动，带有人的主观意识，注意科学家共同体对科学发展的作用；质疑科学研究方法的普适性，要求消除对方法论的崇拜，注意到非逻辑思维如想象、直觉、灵感在科学发现中的重要作用；质疑科学结果的中立性，注意到科学与社会的相互作用，看到科学通过技术的中介，由知识理论形态进入器物和制度之中，成为人类生存背景的重要组成部分。主张把科学理解为一种文化，是"以自然现象为对象的认识在社会生活中所衍生开来的广泛的文化样态"[2]。

直到今天，科学仍是一个多义的名词。

有人认为科学是一种知识体系，是人类对自然世界的认识、理解或解释。

有人认为科学是一种特殊的方法，是人类对自然世界的认识、改造和调控，是对人与世界关系的协调，是一种创造性的实践活动。

也有人把科学作为一种信念追求，是人类对真、善、美追求的表现，是一种追求自由的精神文化。

还有人把科学作为一种社会建制，是科学家的事业，是国家的利器，是社会经济发展的强大力量……

多元的科学定义，说明科学的内涵是丰富的，同时也说明科学的内涵还在发展之中。根据对科学发展历史的反思和当代科学发展的探索，我们认为：

---

[1] 刘大椿，黄婷. 科学技术哲学反思中的思想攻防——刘大椿教授学术访谈录. 哲学分析，2011(6): 155-168.
[2] 孙德忠. 科学文化及其当代价值定位. 自然辩证法研究，2005(3): 87-90.

科学是人类文化的组成部分，是人类在特定的时间对自然和物质世界进行系统的认识、解释的尝试。科学知识的获取和得到承认是基于经验证据的，要依靠观察、实验、模型、逻辑以及数学等方法，科学问题、概念、理论的提出和发现需要创造性思维。科学的发展和应用与社会有不可分割的内在联系。

首先，科学是人类文化的组成部分。这是因为科学是人的科学，是人对自然物质世界的一种认识，是人构建的一种社会建制，是科学家共同体社会交往的结果。科学的知识及从这种具体科学知识中凝练和提升出来的科学观念和科学精神，是人类一般思想的重要组成部分。科学通过技术的中介渗透到人类基本生存方式的所有方面，影响人类的生活方式，影响国家的利益，影响社会的发展。科学的发展和应用与社会有不可分割的内在联系。

其次，科学具有求真的属性。科学家为了探索自然及其变化的本质，相信自然是有序和一致的，尝试通过建立科学模型、发现规律与机制、形成相互联系的概念等科学知识解释自然现象。科学研究的目标是寻求真相，追求真理。科学研究重视方法的严谨，强调证据的真实可靠。只有以观察、实验等科学实践活动为基础，通过感官的真实感受或仪器（感官的延伸物）测量获得的素材，形成和验证他们对自然现象所提出的猜想与假设。这些证据只有具备尽可能的精确度和可重复性，才能被科学家信赖。科学研究重视思维的严密性，强调数学是逻辑推理的重要方法，在科学研究中具有重要的作用。因为数学"是研究数量关系与空间形式的一门科学，它源于对现实世界的抽象，基于抽象结构，通过符号运算、形式推理、模型建构等，理解和表达现实世界事物的本质、关系和规律"[1]。只有基于证据进行严密的逻辑推理，得到可靠的结果，科学研究才能得到科学共同体的认可，求真是科学的立身之本。

再次，科学具有创新的属性。科学由于求真而创新，随着人的认识能力的提升，认识手段的不断创新，科学知识是不断变化的，科学的观念是不断更新的。科学家从未停止对未知世界的探索，也从不把已有的科学知识作为真理，只是作为"尝试"。虽然科学知识大部分是经过无数次的实验与观察并基于证据得到的，不容易被"证伪"。但若有"反常"的新证据出现，原有的科学知识必将被修订或被新的科学知识所取代[2]。科学方法也是不断创新的，特别是随着技术的进步，对物质研究的方法从定性到定量，从宏观到微观，从静态到动态，研究的领域不断扩大，研究的程度不断深入。而科学转化为技术，就是一种创新的过程，它是为满足人类需求对自然世界或人造世界的改造，不同和独特是技术发明的特征。尊重独创也是最重要的科学精神之一，强调通过逻辑思维和非逻辑思维的整合，实现创造性思维。创新与创造是科学生命力的源泉。

---

[1] 中华人民共和国教育部. 普通高中数学课程标准. 北京：人民教育出版社，2017：1.
[2] 托马斯·库恩. 科学革命的结构. 金吾伦，胡新和译. 北京：北京大学出版社，2003：144.

(二)

什么是科学教育

与科学的发展一样,科学教育也经历了曲折的发展过程。

1. 古代科学教育——从技艺到知识

人类为了自身的生存和延续,要把世世代代积累起来的经验和知识留传给新的一代,劳动经验的传授,是教育最初的、也是最重要的职能[1]。在自然的生产劳动过程中,包含大量科学知识和技艺,学习与传授的形式也是自然的,言传身教,耳濡目染,子承父业。中国古代很多杰出的技艺就是这样在自然的状态中传承的。随着文字、造纸和印刷术的发明,具体的技艺转化为图或抽象的文字,传播和传承的方式发生了极大的改变,如《九章算术》《齐民要术》《天工开物》《梦溪笔谈》《本草纲目》等至今让我们看到中国古代算学、纺织、制瓷、冶铸、建筑、天文历法、医药学等的巨大成就。最早出现的原始教学机构,如中国古代的大学和私塾、埃及的职官学校、古希腊文法学校等,虽以人文为主,但都有技艺的传承,如中国古代的"六艺"中就有

---

[1] 周川. 科学教育的价值. 南京:江苏教育出版社,1993:7.

"射""御""数",古希腊的"实质之学"有天文、地理、自然之学。古罗马最有成就的教育家昆体良主张在学校设立自然科学课程,就是认为物理学能够为演说、雄辩提供证据和素材①。可见,知识和技艺的传承,是古代科技教育的最主要目的。

2. 现代科学教育——从知识到能力

16世纪的夸美纽斯作为现代教育学的开创者之一,主张在学校里不仅要教语文,还要教广泛的自然科学课程②。但科学真正进入现代的学校教育,与19世纪的工业革命密切相关,"科学在19世纪受到广泛的信任和尊敬,除了自古以来尊重学问的传统以外,还由于科学在工业和医药学上的实用价值以及它是反对宗教和迷信的武器"[1]。斯宾塞和赫胥黎为科学教育合理性的辩护在很大程度上反映了这一时期的科学教育价值取向。斯宾塞认为科学是"为人的完满生活而准备的",是"作为一种生活工具"[2]。赫胥黎指出:"科学教育并不是指应当把一切科学知识都教给每一个学生。那样去设想是非常荒唐的,那种企图是非常有害的。我指的是,无论男孩还是女孩,在离开学校之前,都应当牢固地掌握科学的一般特点,并且在所有的科学方法上多少受一点

---

[1] 简明不列颠百科全书. 北京: 中国大百科全书出版社, 1999: 722.

[2] 赫·斯宾塞著. 斯宾塞教育论著选: 什么知识最有价值. 胡毅, 王承绪译. 北京: 人民教育出版社, 2005: 44-45.

注:①昆体良认为: 没有物理学, 就没有真正的雄辩, 详见周川的著作《科学教育的价值》(周川. 科学教育的价值. 南京: 江苏教育出版社, 1993: 15.)

②夸美纽斯提出:"事物是主要的, 文字只是偶然的; 事物是本体, 文字只是衣着而已; 事物是核, 文字只是壳, 是皮。"详见夸美纽斯的著作《大教学论》(夸美纽斯. 大教学论. 傅任敢译. 北京: 人民教育出版社, 1984: 94.)

训练。"而科学方法最大的特点是"使心智直接与事实联系，并且以最完善的归纳方法来训练心智；也就是说，从对自然界的直接观察而获知的一些个别事实中得出结论"[1]。他建议科学教师在教学中尽可能利用实物，不迷信书本和权威，学会动手和观察等①。

科学教育真正被重视是在20世纪的两次世界大战后，这一方面与科技在世界格局动荡变化中的作用有关，也与科技和教育自身的发展有关。美国实用主义教育家杜威认为"促使世界目前正在经历的巨大而复杂变化的真正动力，是科学方法以及由此而产生的技术的发展"[2]。所以杜威特别重视科学教育，他把"反省思维作为教育的目的"，而这种反省思维几乎等同于科学思维，他提倡"从做中学"，称这是一种"科学的方法"，因为按"科学的方法"处理问题，便可得到某种经验，得到思维的训练[3]。

以儿童为中心，以思维能力训练为重点的探究教学是20世纪世界科学教育改革的一个重点，代表的教学理论是基于皮亚杰、维果斯基、格式塔心理学、巴特雷特、布鲁纳研究而形成的建构主义教学理论。他们强调理解的知识是被建构，"学习者通过个体活动和社会活

---

[1] 赫胥黎. 科学与教育. 单中惠，平波译. 北京：人民教育出版社，1990：88.
[2] 杜威. 自由主义与社会行为. 赵祥麟，王承绪译. 上海：华东师范大学出版社，1981：305.
[3] 杜威. 我们怎样思考·经验与教育. 姜文闵译. 北京：人民教育出版社，2005：9-10.
注：① "你必须在课堂上尽可能地利用实物，使你的教学活动真实；在教植物学的时候，学生必须亲自动手去触摸那些植物和解剖那些花朵；在教物理学和化学的时候，你一定不要只想用各种各样的知识去塞满学生的头脑，而必须使他自己细心地理解和掌握那些知识。……尤其要告诉他，在他根据自然界的绝对权威而不得不相信书本上所写的东西之前，提出疑问是他的责任，只要继续精心地和有意识地进行这种教育，你就会确信，不管你灌输到儿童头脑里的知识范围是多么的有限，但是，你已经使他在实际生活中养成了一种极其有用的动脑筋的习惯"。详见赫胥黎的著作《科学与教育》(赫胥黎. 科学与教育. 单中惠，平波译. 北京：人民教育出版社，1990：88-89.).

动对意义和学习所做的贡献"是学生学习的关键,主张以学生为中心设计教学,进行探究和基于问题的学习[1],引导学生学习科学家发现问题的方法,经历科学探究过程,体验创造发明的艰难和快感,进而训练学生的科学思维。

西方的科学16世纪末随着西学东渐在中国开始传播,但在中国的广泛传播却与西方的殖民主义迅猛扩张有关。鸦片战争后,西方殖民主义者打开中国的大门,除了抢占财富和掠夺土地外,也在中国广泛设立教会学校,传播西方科学文化。以"师夷长技以制夷"为目的,以专门的语言和技术等新式学堂的建立为特征,开启了我国以学习西方科技为主的近代科学教育之先。最早的归国留学生"以振兴学术,取其良法,以阜民生国计",提出了"科学救国""教育救国"的理想,把中国的科学教育推进到一个新的发展阶段。20世纪初的新文化运动和五四运动,把"科学"和"民主"全面引进中国,实现了我国社会科学和民主的思想启蒙,同时也使科学教育制度化。但这个时期的科学教育基本为舶来品,新中国成立前,主要是受美国杜威实用主义的影响,重视实用,强调生活教育和科学方法的训练。新中国成立后,主要受苏联凯洛夫等教育思想的影响,重视双基,强调基础知识的教学和基本技能的训练。这样的传统一直持续到20世纪80年代。

3. 当代科学教育——从能力到素养

20世纪70~80年代,科学教育的走向再次发生重大改变,提高全体公民的科学素养成为基础教育阶段科学教育的最重要目标。

---

[1] 伍德沃克. 教育心理学. 第8版. 陈红兵,张春梅译. 南京:江苏教育出版社,2010: 373-400.

这一目标明显受到美国科学教育改革的影响。20世纪50年代苏联的卫星上天，使美国朝野大受刺激，认为美国科学教育明显落后，引发了一系列的科学教育改革。1983年，美国联邦教育部成立了"国家教育优异委员会"，发表了《国家处于危急之中：教育改革势在必行》。之后的《2061计划：面向全体美国人的科学》和《国家科学教育标准》也都是科学教育改革的标志性文件。在这些报告之中，提高全体美国人的科学素养成为科学教育的基本宗旨[①]。2013年颁布的《下一代科学标准》，提出科学教育还要加强科技和工程人才的培养，要"为所有人获得现代劳动力奠定基础，具备现代社会必备的科学和技术素养"。这些观念影响了全世界科学教育的改革。

受后现代思潮的影响，英国、美国等发达国家STS研究和STS教育也在20世纪80年代应运而生。STS是科学（Science）、技术（Technology）、社会（Society）的简称，它探讨和揭示科学、技术和社会三者之间的复杂关系，研究科学、技术对社会产生的正负效应。目的是要改变科学和技术分离，科学、技术和社会脱节的状态，使科学、技术更好地造福于人类。而STS教育是科学教育改革中兴起的一种科学教育构想，其宗旨是培养具有科学素养的公民。英国1986年教育改革法案规定5～16岁阶段实施国家课程，科学教育要强调STS内容，认为学生应该：（1）理解科学思想如何随时间而变化，科学的性质、科学知识，理解科学技术成果的利用受社会、道德、精神和文化的影

注：① "有科学素养意味着一个人能识别国家和地方决定所赖以基础的科学问题，并能提出有科学技术根据的见解"，引自国家研究理事会颁布的《国家科学教育标准》（国家研究理事会. 国家科学教育标准. 北京：科学技术文献出版社，1999.）。

响;(2)学习科学在社会中的应用;(3)用科学的知识和技能做出决策,并能对健康和安全做评价;(4)考虑到科学技术发展对个体、社会和环境的影响[1]。

国际上关于科学素养有不同的定义,但有一些相同点[2]:(1)指向全体学生,是为培养未来公民适应与科学、技术紧密相关的社会现实做准备的。(2)实质性的内容是使科学素养的理念能够贯彻到课程和教学实际中的保障。(3)科学素养涵盖多个学科的内容,即它不仅包括自然科学的知识、技能和过程,还涉及相关的数学、技术学和社会、人文科学的知识(如科学史和科学哲学等)。(4)科学素养的具体内容会因时代的不同和社会文化背景的差异而变化。

我国自2001年开始实施新课程改革,科学教育理念也逐渐跟国际接轨。新课程的科学教育把提高学生的科学素养作为科学教育的宗旨,把探究学习、合作学习、自主学习作为科学教育改革的突破口。10多年的改革实践使我国科学教育面貌发生了一定的变化,但依然存在不少问题。2017年教育部发布的《中国学生发展核心素养》将开启新一轮课程改革,以培养"全面发展的人"为核心,将学生的核心素养分为文化基础、自主发展、社会参与三个方面,综合表现为人文底蕴、科学精神、学会学习、健康生活、责任担当、实践创新等六大素养。科学教育对培养学生的核心素养有非常重要的作用,高中课程中的数学、物理、化学、生物、地理、信息技术、通用技术制定的学科核心素养,以学科观念、学科思维、学科方法和学科价值作为学科核心素养。

---

[1] 王素. 英国STS教育的沿革. 外国中小学教育, 1999(2): 1-4.
[2] 魏冰. "科学素养"探析. 比较教育研究, 2000(S1): 105-108.

(三)

什么是新科学教育

通过对科学教育发展历史的考察，结合新教育实验的理念，我们可以对新教育的科学教育概念做这样的界定：

新科学教育是幸福完整的教育生活的重要组成部分，是以求真和创新为宗旨，以培养并提升科学素养为目标，学校教育、家庭教育、社会教育多方合力，通过"读中悟""做中学""写中思"等方法进行教育，帮助学生树立科学观念，学习科学知识，培养科学思维，掌握科学方法，发展提出问题与解决问题的能力，形成科学精神与社会责任感。

"过一种幸福完整的教育生活"是新教育实验最重要的教育理念。新科学教育作为新教育智识教育的组成部分，是幸福完整教育生活不可缺少的组成部分，新科学教育通过帮助师生享受科学教育的过程，享受科学学习的幸福，拓展生命的长宽高，成为最好的自己。

新科学教育之求真，所指的真并不是一个固定不变的真知，也不是一个独一无二的真理，更不是一个绝对明澈的真相，而是一个不断遮蔽与寻找、不断证明与证伪、不断迷失与发现的循环往复的过程。科学教育之求真，是以最为集中的时间、最为精练的方法，呈现人们不断寻求真知、探索真理、发现真相的过程，从而在传播知识的过程中，学习探索的技能，培养相应的科学素养。

新科学教育因其求真，而必然创新。正如人们常说的，已知是圆，未知是圆外的部分，已知之圆越大，意味着外部越大。浩渺宇宙中，人类所知极其有限，还有太多未解之谜，需要不断的创新，更多的探索。创新是外部世界对科学的要求，也就是对新科学教育的要求。数百年中，科学从边缘走向中心，经由各种群体，缔结出奇异的果实，创造巨大的力量。无论是对外界的探索，还是对内心的叩问，无论是对事物的解析，还是对生命的追索，都是科学的职责，从而也意味着与科学相辅相成的科学教育，必须以创新为自己的灵魂。

新科学教育的科学素养，包括科学知识与观念、科学思维与方法、提出问题与解决问题的能力、科学精神和社会责任感等多个维度。

科学知识与观念：科学知识是指对自然和物质世界的基本认识，包括事实性知识、理论性知识和技能性知识。科学观念是一种组织起来的科学知识，它们能够解释更多的自然现象、甚至跨领域的自然现象。科学观念包括科学的学科核心观念和跨学科概念（Crosscutting Concepts）。科学知识是科学教育的载体，在知识的基础上可形成科学观念，科学观念的形成有助于科学知识的迁移和统整。

科学思维与方法：科学思维是指人脑借助于语言或符号对科学事物（包括科学对象、科学现象、科学过程、科学事实等）做出概括和间接的反应过程。归纳分析、符号运算、形式推理、模型建构等是最基本的理性思维，猜测想象、质疑批判是重要的非理性思维。而科学方法是指科学和工程实践过程中的行为和采用的手段，包括设计和实施调查研究、观察和实验获得和收集证据,分析和运算解释数据、建构解释和设计解决方案、基于证据的论证及获取、评估和交流信息等。科学思维决定科学方法的选择和应用,科学方法的学习可训练科学思维。

提出问题与解决问题的能力:能识别个人、国家和人类社会所赖以生存的基础科学问题,了解科学、技术和工程等在当今社会所面临的重大挑战,能提出有科学技术根据的见解;能对健康、安全、环境等做出评价,能依据科学知识和技术手段做出理性的决策,并参与到公共事务和文化事务中。

科学精神和社会责任感:理解科学本质,特别是求真的态度和创新的意识;理解科学、技术、社会、环境四者之间的关系,理解人类活动对自然环境、生活条件和社会变迁的影响,学会科学的生活方式,具有保护自然、推动人与自然和谐发展的社会责任感。科学精神和社会责任感是现代社会理性公民的基本素养,是追求和实现创新的动力。

科学教育需要学校科学教育、家庭科学教育和社会科学教育的共同合作。学校的科学教育是指制度化、强制性的科学教育,规定的课程往往由国家核准,高度结构化,有严格系统的评价机制。家庭、社会的科学教育是在家庭、工作或娱乐相关的日常生活中进行的科学教育。就学习对象、学习时间和学习支持而言,不是结构性的。就其目的性而言,可能是有意的,也可能是无意的[1]。家庭、博物馆、科技馆、动物园、科技中心、学生实践活动基地和其他非正式环境已经日益成

---

[1] 侯小杏,陈丽亚. 非正式环境下学习的研究. 开放教育研究,2011(4): 39-46.

为学习科学的重要环境，与学校科学教育一起，构成科学教育的合力。

"读中悟""做中学""写中思"是新科学教育的实施路径。其中"读中悟"是指通过科学阅读，在获得科学知识和形成科学观念的同时，激发科学兴趣，理解科学的思维和方法，领悟科学精神，养成科学态度。"做中学"是基于科学实践活动的科学学习，是动手和动脑结合的过程。一方面是活动要与师生的生活、社会实践联系，反映科学在真实世界中的活动和经验；另一方面是活动具有科学的探究性，包括多样性的探究活动。"写中思"是指通过科学写作，对科学知识进行自我建构，促进深度学习，历练高层次的心智，学会交流和表达，培养学生学习科学的自主性。

二

科学教育存在的问题

近年来，在国家的大力扶持下，我国的科技有了迅猛的发展，美国国家科学基金会 2016 年初发布的《美国科学与工程指标》显示，中国已成为世界第二研发大国，中国科技在全球的地位日益突出。航空航天、人工智能、深海探测、生物医药、桥梁高铁等技术在世界上有了一席之地。但是，我国的科学教育仍有待提高，比如科学教育被学科化、功利化，科学教育的课程内容与最新科研成果相脱节，科学教育的探究活动以教师为中心，科学教育的教学方式以单向灌输为主，科学教育缺乏与环境教育、人文教育的互动与融合，学生的科学素养测评呈现出"高成就低兴趣"的倾向，等等①。世界经济论坛《2017—2018 年全球竞争力报告》也显示，尽管中国全球竞争力的排名有所上升，但中国的创新水平、技术就绪度、高等教育与培训等仍低于亚洲新兴和发展中国家的平均水平。而在 137 个国家和地区的数学与科学教育质量排名中，中国大陆仅列 50 位，这些年呈现下降趋势，更是远落后于排名第一的新加坡[1]。这些现象与数据反映了我们科学教育水平与世界先进水平的差距。反思我们的科学教育，主要存在六大问题：

---

[1] World Economic Forum. The Global Competitiveness Report 2017～2018[EB/OL]. [2019-05-05]. http://www3.weforum.org/docs/GCR2017-2018/05FullReport/TheGlobalCompetitivenessReport2017%E2%80%932018.pdf，2017-9-27.

注：①在 2016 年公布的 PISA2015 结果中，中国"喜欢学习科学的指数"排名 13，"将来有从事科学事业愿望的学生比例为 16.8%，远低于美国的 38% 和欧盟国家 24.5% 的均值（详见 http://www.oecd.org/pisa/）。

（一）
科学教育目标的功利化

基础科学教育的目标是"培养学生的科学素养"，但这个目标在中小学阶段已经被严重窄小化，"应试"成为科学教育的功利化目标。由于小升初没有应试，且科学不是主课，小学科学教育呈现明显的弱势，表现在课时少，已经少得可怜的课时还时常被占用；专职教师的比例小，有的学校甚至音乐教师上科学课；专用的科学实验室少，仪器设备缺乏。而中学的科学教育以应试为主要目标，考什么，教什么；不考什么，也就不教什么。如2008年江苏的高考方案中，把物理、化学、生物、地理等科学科目作为选考的科目，分数以等级算而不计入总分，导致学校对这些科目的教学很不重视，高考中报考科学的人数急剧下降，各类奥林匹克竞赛中获奖人数也急剧下降。这种情形在2017年浙江开始实施新高考方案后同样存在。而纸笔测试中由于很难考查学生真实的实验能力和实践能力，在目前中学的科学教育中实验、实践教学功能弱化，视频实验、黑板实验屡见不鲜，导致科学教育中"做"得很少。2018年7月教育部基础教育质量监测中心发布的《中国义务教育质量监测报告》显示[1]：在配备了科学实验室的学校中，39.1%的四年级科学教师、39.7%的八年级物理教师、59.4%的八年级生物教师表示从不或很少使用实验室。对学生的调查中，动手实验的比率更少，"学生参与动手实验、实践调查的机会较少，如八年级学生在本学期物理课上做过3次及以上动手实验的比例为38.7%，从来没有做过动手实验的比例为23.8%。生物课上做过3次及以上动手实验的比例为19.3%，从来没有做过动手实验的比例为47.1%"。而这样的结果，也导致学生学业表现良好，综合应用能力相对薄弱，特别是科学探究能力和科学思维能力低于科学理解能力。报告显示：四年级学生科学探究能力和科学思维能力达到中等及以上水平的比例分别为75.7%、74.9%，低于科学理解能力约5个百分点；八年级学生科学探究能力和科学思维能力达到中等及以上水平的比例分别为83%、6.3%，分别低于科学理解能力4.1%和10.8%。

---

[1] 教育部基础教育质量监测中心. 中国义务教育质量监测报告 [EB/OL]. [2019-05-05]. http://www.eachina.org.cn/shtml/4/news/201807/1749.shtml.

（二）

科学教育对象的精英化

既然科学教育的目标是"培养科学素养"，面向所有人的科学教育就显得非常重要。正如温·哈伦说的那样，科学教育不只是培养科学家的教育，"这种教育对所有的学习者都是重要的。不管是对那些今后会成为科技工作者的学习者、将来在他们的职业中需要一定科学知识的学习者，还是不属于这类情况的学习者，都是重要的"[1]。但是，我们的科学教育存在明显的不均衡和不充分现象，表现出对象的精英化倾向，即科学教育主要是为培养科学精英，影响了全体公民科学素养的培养。

2015年的公民科学素养调查显示：位居全国前三位的上海、北京和天津的公民科学素质水平分别为18.71%、17.56%和12.00%，分别达到美国和欧洲世纪之交的水平，但还有14个省份公民科学素质水平低于5%。过去五年中，农民和妇女的科学素质水平提升较慢。农民的科学素质水平仅由1.51%提升至1.70%；妇女的科学素质水平与同期男性公民相比差距进一步拉大。地区的差异、经济的发展以及职业、性

---

[1] 温·哈伦. 科学教育的原则与大概念. 韦钰译. 北京：科学普及出版社，2011：7.

别的不同造成科学教育的对象更呈现出精英化的态势,当城市的孩子在学编程、人工智能时,农村的孩子关于自身健康知识的科普教育还远远没有跟上。精英化教育导致地区之间科学教育的不均衡,没有达到"为每一个人的科学教育"的目标。

（三）

科学教育知识的片面化

知识的片面化是目标功利化的必然结果。考什么学什么，学什么考什么，是导致内容知识化的重要原因。由于在应试的各个环节中，知识是考核的最重要内容，我国基础教育一直存在重视双基（基础知识和基本技能）、忽视学习兴趣和解决问题能力的不良倾向。国家在上一轮的基础教育课程改革中，明确提出了解决"课程过于注重知识传授""课程结构过于强调学科本位、科目过多和缺乏整合""课程内容'难、繁、偏、旧和过于注重书本知识'""课程实施过于强调接受学习、死记硬背、机械训练""课程评价过分强调甄别与选拔的功能"等问题的发展目标[1]，这些问题虽然目前有所改善，但以知识和技能传授为主的科学教育仍占主导，学习过程强调记忆，学习内容脱离生活，学习结果用于解题，题海战术训练的现象依然普遍，这种见题不见人的高强度、枯燥训练，导致学生最初对世界的好奇、对科学的兴趣在题海中一天天减少，在很多学生的眼里，科学就是记现象、记公式、记方程，就是计算、解题。学习科学只有恐惧，没有快乐。以

---

[1] 中华人民共和国教育部. 基础教育课程改革纲要（试行）[EB/OL]. [2018-05-10]. http://old.moe.gov.cn/publicfiles/business/htmlfiles/moe/moe_309/200412/4672.html.

"数学学习为例,四年级学生表示在数学学习上感到很有压力的人数比例为 30.7%,八年级学生表示在数学学习上感到很有压力的人数比例为 49.4%"[1]。

---

[1] 教育部基础教育质量监测中心. 中国义务教育质量监测报告 [EB/OL]. [2019-05-05]. http://www.eachina.org.cn/shtml/4/news/201807/1749.shtml.

(四)

科学教育方法的形式化

知识的分科与 19 世纪科学研究方法有极大的关系，带来的好处是学习、研究的简单化和许多学科领域的专门化和职业化。但遗憾的是，今天我们遇到的大多数科学问题都是复杂的，往往需要利用工程的思想进行系统设计，在解决问题的过程中不仅需要各学科的科学知识，还需要应用技术、数学、艺术等方法。在教学中创造一种真实复杂情境，让学生在解决问题的过程中综合运用知识、活化能力是当前科学教育所倡导的。

中国科普研究所对我国学生的科学态度调查发现[1]，学生的科学态度有虚高的成分，对于科学学科及一些主题的具体含义认识不够深入。如 15～17 岁的青少年表示他们对科学探究非常支持，对于科学的社会价值的认可度在 90% 以上。虽然大部分学生对于科学家比较推崇和认可，但只有 9% 的中国学生期望他们到 30 岁的时候，从事与科技有关的职业，而这在 OECD 国家此项的平均值是 25%，美国、加拿大等国家此项的平均值超过 35%。即使那些乐于在未来的职业发展中从事

---

[1] 李秀菊，陈玲. 我国高中生科学态度的实证研究. 科普研究，2016，11(2)：31-35.

与科学有关的职业的学生,对于什么是科研工作以及科学家的工作等内容也存在模糊的认识。许多学生表示他们参与了较多的科学活动,但是结果显示深度不够,并没有获取更多有价值的内容,更没有围绕具体问题形成更为深刻的认识。方法的形式化带来的是教学活动的形式化,这直接导致学生难以在真实情境中解决复杂的具体问题。

(五)

科学教育资源的分散化

科学研究的对象是物,小至家庭中身边的每一件生活用品和父母的工作对象,大至无垠的自然,科学研究的对象无处不在,科技产品琳琅满目,科学教育的资源极其丰富。特别是科技教育日益被重视的今天,国家、企业甚至个人建了很多博物馆和科技馆,地方和学校也建了不少的综合实践基地,科学教育的社会资源和学校资源都非常丰富。

但是,从实际情况来看,科学教育的家庭资源和社会资源的利用率还是非常之低。以重庆三峡博物馆为例,实行免费开放以后,博物馆年均观众在160万人左右,其中18岁以下的观众只有24万人,占全部观众的15%左右。而作为学校团体预约的观众只有13次,约1万人。这与国外中小学生是博物馆的生力军形成鲜明的对照[1]。上海纺织博物馆的副馆长蒋昌宁介绍说,为了吸引中小学生利用博物馆,"我们一家家像跑业务一样,找学校、找社区,结果闭门羹没少吃"[2]。然而,

---

[1] 黄永兰. 中小学教育利用博物馆的问题与对策研究. 课程教育研究:学法教法研究, 2015(5):41-45.

[2] 孙中钦. 博物馆距离"校外课堂"还差口气. 新民晚报, 2014-02-10(05).

在很多人的印象中，科学是高深的学问，是科学家在实验室的"神秘"行为，是在大学或研究院这种"象牙塔"里苦思冥想的结果。从调查的结果看：学校是学生获取相关科学知识的最主要渠道。当然对于具体的概念，获取知识的渠道略有差别，从媒体上获取新科技的比例明显提升，健康与营养话题从家人和朋友的途径获取比例较高。从参加与科学有关的活动看，学生观看科学类电视节目，看科学书籍、杂志，访问科学类网站等比例都非常高，但对究竟什么是真正合格的科学俱乐部或者有价值的科学节目认识不够充分，多数学生认为没有获取太多有价值的科学内容[1]。这种学校科学教育、家庭教育和社会教育的资源分散和学习割裂，导致大多数人把科学教育的场所限于学校，限于教室。科学教育环境的封闭，导致科学教育资源被浪费，科学资源的价值很难充分体现。

---

[1] 李秀菊，陈玲. 我国高中生科学态度的实证研究. 科普研究，2016, 11(2): 31-35.

（六）

科学教育教师的非专业化

谁站在讲台上，谁就决定着教育的品质。科学教师的素质是决定科学教育品质的关键。目前我国科学教育最短的这块板就是教师。科学教师数量不足、水平不高，专业化程度差，已经成为制约科学教育的重要因素。这个问题在小学特别严重。中国教育学会科学教育分会会长胡卫平教授反映，在他担任主讲教师的全国科学教师"国培计划"的培训班上，"有一部分是兼职教师，有一部分是因为无法胜任语文、数学等课程，而改为教科学课"，一个简单的科学概念，竟然有一半以上的科学教师都理解错误[1]。江苏省科学特级教师曾宝俊介绍说，他为昆明教师做科学学科培训，当时参加的语文老师有1500人，而科学教师只有96人。在他担任主讲的"国培计划"中，科学教师占全天教师的比例为0.75%[2]。

科学教育是教育中受科技发展影响最大的，教学目标、内容、方法、环境等的巨大变化，对科学教师不断提出挑战。面对挑战，我们看到各种新型的科学教学形式出现：探究教学、翻转课堂、STEM（科

---

[1] 张春铭. 中小学科学课成了"鸡肋"？. 中国教育报，2015-03-30(05).
[2] 张春铭. 中小学科学课成了"鸡肋"？. 中国教育报，2015-03-30(05).

学、技术、工程和数学）教育等。各种技术涌入学校，使学校、教室的形态也发生了很大的变化。"春江水暖鸭先知"，对这一切变化最敏感的应是科学教师。但是实际情况表明，不少科学教师的反应是迟钝的。有不少教师在改革中只重形式，缺乏对科学本质的理解，使得有些科学课堂轰轰烈烈走过场，只有游戏，没有思考，只有形式，没有深入，特别缺乏的是给学生在真实情境中解决复杂问题的机会。这种活动有余、思维不足、缺少思维容量的"虚假探究"，是无法发挥科学教育价值的。而这种情况与教师的科学素养和综合素质有很大的关系。张红霞、郁波的调查结果显示：小学科学教师在科学知识和科学方法上存在很多缺陷，在科学性质的认识方面问题尤其严重，导致在教学中出现了一些不科学甚至伪科学的做法[1]。刘喜盈对中学理科教师的调查也显示：中学理科教师科学素养的总体水平良莠不齐，在所测试的科学素养中，教师对科学知识的掌握相对较好，但在科学方法、科学性质这两个维度上较为薄弱[2]，对科学性质的认识不够是科学教师专业发展过程中最为关键的问题。《中国义务教育质量监测报告》也显示：科学教师开展探究教学的能力有待提升，63%的四年级科学教师、61.2%的八年级物理教师、75.5%的八年级生物教师和80.7%的八年级地理教师的探究教学处于低或较低的水平。

---

[1] 张红霞, 郁波. 小学科学教师科学素养调查研究. 教育研究. 2004(11): 68-73.
[2] 刘喜盈. 中学理科教师科学素养调查研究. 陕西师范大学, 2006.

三

新科学教育的目标和价值

"为了人的一切和为了一切的人"是新教育实验的基本理念，新科学教育不仅要思考科学教育对科学自身正确发展的意义，更要彰显理性、创新的价值，使之成为个人幸福、社会和谐、国家富强、人类进步的福祉。

(一)

对科学，促使对科学认识自身进行反思，把握着未来科学创造的方向

埃德加·莫兰指出："科学认识是不能进行自我认识的认识。"科学的这种只能自证真伪、无法自辨善恶的特性，正是科学无法回避的缺陷。因此，科学教育的重大意义，除了科学知识的传播、科学能力的培养外，更要通过教育的文化选编功能对科学认识进行自我反思，进而让正确的科学认识得以传承，让科学之光所照亮的是正确的方向。

马斯洛曾说过："科学产生于人类的动机，科学是由人类创造、更新以及发展的。它的规律、结构以及表达，取决于它所发现的现实的性质，而且还取决于完成这些发展的人类本性的性质的。"[1]对真、善、美的向往是人类永恒的追求。当然，真、善、美三者之间，并非截然分开，三者本身就其本质上就彼此关联：在真之中，本就包含着善与美的种子，无真之善不过是伪善，无法生根，无真之美会流于形式，无法长存。因此科学在以求真为根本时，人文精神也为科学指明崇尚和创美的方向。科学教育正是通过对发展科学的人类本性最直接的影

---

[1] 马斯洛. 动机与人格. 许金声，程朝翔译. 北京：华夏出版社，1987：1.

响，通过科学与个人、社会、人类之间的互动，来实现对科学未来发展方向的直接干预。

新科学教育作为新教育智识教育的分支，以教人求真为要务，倡导师生要以科学的眼光看待我们所处的世界，用科学的方法处理我们身边的事物；倡导师生理解科学的人文价值，欣赏科学带给人类社会文明之光，提倡科学以美好的形式呈现出成果；倡导师生以积极的心态追求美好的明天，从而满怀善意地开展科学教育的学习与探索。

与其他科学教育更不同的是，新科学教育希望学生不仅能够在科学教育中体验到接近知识、收获知识的幸福，还能够体验到检验知识、应用知识、发现知识的幸福与合作探究、创新创造的幸福。这种幸福感受会激发个体更为深入地开展科学研究，建立起科学活动与社会利益、人类利益契合，追求一致、相互满足的幸福联结。理想的科学教育必然造就理想的科学。

(二)

对个人，有助于养成科学的生活方式，拓展生命的长宽高，拥有幸福的人生

早在19世纪，英国哲学家、社会学家斯宾塞就认识到科学对于个人生活的积极价值，提出科学是最有价值的知识[1]。在斯宾塞看来，科学知识可以最直接地保全并维护生命的健康、可以为个人谋求最合适的工作、可以帮助父母最正确地履行教养之责、可以使得每个公民最合理地调节自身行为、可以为艺术创作或赏鉴提供最充分的知识准备。虽然斯宾塞这些观点中的"最"字备受争议，但过去近200年的科技发展，使人们对科学和科学教育的重要性越来越深信不疑。科学对个人生活中所呈现的诸多优势，越发显示出科学教育在生活中的重要作用。

新教育实验认为，生命包含了自然生命之长、社会生命之宽和精神生命之高三个维度。从这三个方面，新科学教育也将呈现出无可替代的价值。

自然生命是人的生命质量的物质基础，科学技术对自然生命的影

---

[1] 赫·斯宾塞. 斯宾塞教育论著选：什么知识最有价值. 胡毅，王承绪译. 北京：人民教育出版社. 2005: 44-45.

响最为直接、价值最为明显,科学教育帮助人们更好地认识自己,更好地用健康、安全的知识和技能武装自己,更好地合理安排日常生活和人生。因此,科学是一种"让每一个生命在有限的历程中成为最好的自己"[1]的人类文化组成。新科学教育能够帮助个体获得超越自我的合理途径,最终使人的生命成长的各个方面处于高质量的发展水平。

生活在当今社会,"科学的进步已在相当大的程度上改变了人们关于生活目的和生活幸福的思想"[2],一个人如果没有具备必要的科学知识或一定的技术能力,他将寸步难行,更不能享有健康的生活、成功的事业。新科学教育所培养的科学观念、科学思维等对具体的生活问题进行判断,运用科学的方法进行解决,正是美好生活的前提。

科学精神,本身就是精神生命的一种崇高追求。科学教育则是最为直接地呈现科学精神的形成过程,是最为有效地传播精神并潜移默化地濡染大众的育人过程。一个人在这样的追求过程中,不仅必然呈现出能力与素养的提高,更会淬炼出精神领域的高远,从而让一个人的精神生命更有高度。

科学最重要的本质是求真和创新,科学的内容大多建立于人类对外在世界的经验反思与批判反思之上。因此新科学教育以求真和创新为宗旨,体现在个人的价值中,也将帮助个人学会对自身的反思,从而不断成长。就像杜威所说的"在教育上利用科学的问题,就是要创

---

[1] 朱永新. 新生命教育——拓展生命的长宽高. 光明日报,2015-07-21(15).
[2] 杜威. 民主主义与教育. 王承绪译. 北京:人民教育出版社,2001:241.

造一种智力,深信智力指导人类事务的可能性。通过教育,使科学方法深入学生的习惯,就是要使学生摆脱单凭经验的方法以及单凭经验的程序而产生的惯例"[1]。养成一个人终身发展的能力。

总而言之,新科学教育提高了个人创造幸福的能力,让人们得以创造幸福完整的人生。

---

[1] 杜威. 民主主义与教育. 王承绪译. 北京: 人民教育出版社. 2001: 242.

（三）

对国家，有助于建设现代化强国，实现中华民族伟大复兴的中国梦

从第一次世界大战开始，人们越来越关注科学与国家发展的关系，越来越把发展科技与国家民族利益联系在一起。一战结束时，英国教育大臣向议会提交《科学与工业研究的组织和发展计划》，明确指出："如果我们要提高或维持我国的工业地位，就必须将科学与工业研究的发展立为国家目标。"这是一个"历史性文件"的白皮书，世界上第一次以政府文件的形式把发展科技确定为"国家目标"。第二次世界大战结束前，美国罗斯福总统询问美国国家科技局长："战争结束后，我们要做些什么？"这位科技局长拿着一份《科学技术——无止境的边疆》的报告书说："科技足以改变一个国家的整体实力，而迅速改变美国科技落后于欧洲的现状，就必须建立特殊部队——人才部队，即利用战争的特殊时机，发动一场对战败国顶尖科学家进行明抢的人才战争。"也正因为科技这种强有力的作用，世界上发达国家把科学教育改革作为国家的重要战略策略。

自20世纪50年代，苏联人造卫星上天使得美国人惊呼"国家处于危机中"，近几十年来，美国几乎每过十年就会推出科学教育改革的新举措，这也成为世界科学教育改革的风向标。1996年美国建立《国家科学教育标准》，2013年新一轮的科学教育改革又提出了《下一代科学教育标准》。在这次重建中，他们认为美国教育中科学和数学的落后，会使成千上万的美国青年在全球化经济中有可能扮演不成功的角色，可能会使美国在经济竞争中处于边缘。因此"国家创新力是经济增长的基础。美国劳动者的现代劳动能力依赖于基础的数学和科学学习，这是保持有生气的民主和激发社会动力的源泉，这是美国梦的中心"[1]。

欧洲是现代科学的发源地，是两次工业革命的诞生地，也是科学教育的发祥地。第二次世界大战后，科学中心发生转移，特别是20世纪80年代开始，世界强国间的竞争集中表现为经济领域与科技运用领域的竞争，而欧共体在参与这些国际竞争时，由于成员国发展新兴工业起步较慢，在来势凶猛的世界新技术竞争中处于相对落后的地位，逐渐落后于美国、日本等国家。但最近十几年，欧盟相继出台了《科学与社会行动计划》《教育和培训2010工作计划》《增加从事数学/科学/技术学习与研究的人员报告》《欧洲需要更多科学家》《今日科学教育：为欧洲未来更新教学方法》《欧洲的科学教育：批判性反思》等一系列报告或计划，阐发欧盟对于欧洲科学教育改革与建设的主张、建议与规定。"以科学为欧盟研究政策的核心视

---

[1] NGSS Lead States. Next Generation Science Standards, Volume 2: Appendixes. Washington, D.C.: The National Academies Press, 2014.

角,为科学家与大众架起沟通桥梁,促进公民对科学文化的理解与欣赏,强调发展欧洲全社会及每个公民的竞争力"是这些科学教育改革的宗旨。

　　日本自明治维新以来,发达的教育事业和卓有成效的智力开发,保证了它对西方先进科学技术的引进、消化和吸收,使其仅用40年的时间就完成了西方主要资本主义国家200年时间才完成的近代化任务。到20世纪70年代,已成为世界经济强国的日本为了顺应世界新科技发展,又将科学教育推到了一个崭新发展的阶段,提出"科技兴国"的战略方针,强调科学教育必须重视人的创造才能的培育与个性化发展,必须坚持信息化、国际化、终身化和个性化的原则。科学教育成了推动日本社会经济发展的强大动力。2002年文部科学省接受"疏远科学技术、理科的对策委员会"的建议,拨出预算,实施"顶喜欢科学技术、理科计划"[1]。2009年形成"科学和数学教育促进计划",目的是提高学生对科学技术、理科的关心,培养学习积极性、创造性、对知识的好奇心和探究心,培养具有国际竞争力的科技人才[2]。优质的科学教育使日本国民的科学素养也保持在一个较高的水平,因此日本的科学技术发展也取得了世人瞩目的成绩。

　　世界各国如此,中国也不例外。

　　中国古代的科技水平在世界有一席之地。我们的先人们发明了造纸术、火药、印刷术、指南针,在天文、算学、医学、农学等多个领

---

[1] 朱晶,李淑红. 国外提高青少年科学素质的方式. 科学:上海,2007,59(3):10-13.
[2] 金京泽. 日本理科教育的新动向. 课程·教材·教法. 2003(11):75-78.

域创造了累累硕果，为世界贡献了无数科技创新成果，对世界文明进步影响深远、贡献巨大[1]。但在明代闭关锁国之后，我国很多优秀的传统技艺未能得到继承和发展，科学技术逐步落后于西方。

新中国成立以后，特别是改革开放以来，中国人民在社会主义道路上实现了一个又一个伟大飞跃，取得了举世瞩目的科学成就。但总的来说，我们的科学技术与先进国家相比仍然有明显的差距。

2018年5月28日，习近平总书记在中国科学院第十九次院士大会、中国工程院第十四次院士大会上指出："中国要强盛、要复兴，就一定要大力发展科学技术，努力成为世界主要科学中心和创新高地。我们比历史上任何时期都更接近中华民族伟大复兴的目标，我们比历史上任何时期都更需要建设世界科技强国！"他还指出，应该"牢固确立人才引领发展的战略地位，全面聚集人才，着力夯实创新发展人才基础"[2]。

纵观世界格局，当下的国际科技竞争比以往任何时候都更加激烈，我国对战略科技支撑的需求比以往任何时期都更加迫切，发展科学教育是将我国建设为科技强国的必然选择，也是将我国建设为富强、民主、文明、和谐、美丽的社会主义现代化强国的必然选择，更是新时代实现中华民族伟大复兴中国梦的必然选择。

如果说科学技术是第一生产力，那么科学教育则是第一助推力。

---

[1] 习近平. 在中国科学院第十七次院士大会、中国工程院第十二次院士大会上的讲话. 人民日报，2014-06-10(02).

[2] 习近平. 在中国科学院第十九次院士大会、中国工程院第十四次院士大会上的讲话[EB/OL]. [2019-05-10] http://www.xinhuanet.com/politics/2018-05/28/c_1122901308.htm.

先进的科学技术是促进国家富强的重要保障,为国家经济实力的增强提供坚实的支撑,提高国家的国际影响力与竞争力。尤其在20世纪90年代之后,科学技术在经济社会发展中的作用更加显著。

科学教育则通过培育高素质科技人才、向全民普及科学知识,让科学技术的进步与创新得到极大的推动,科技成果惠及亿万人民,有力地改善民生福祉,实现国家的繁荣与富强。

（四）
对社会，有助于整体团结安定，人民安家乐业，和谐相处

物质文明与精神文明，是人类认识世界、改造世界的全部成果的总括和结晶，也是社会整体团结安定，人民安家乐业，和谐相处的基础。物质文明表现为物质生活的进步与改善；精神文明表现为精神世界的丰富与进化。物质文明与精神文明的发展实际上是物质生活与精神世界的发展，两者之间的协调统一是社会发展的基础。自工业革命后，作为一种统一了的物质与精神的社会建制，科学技术能够引起国民生活、国家经济、国际关系的广泛变革。

对于社会物质生活的文明，科学的价值在于扩展自然世界的范畴、丰富物质生产的资料、提升创造文明的效率[1]；对于社会精神世界的文明，科学的价值在于能优化智慧和道德的传播力、感染力与表现力，能通过发现、解决、应用具体问题促成交叉科学和综合科学的产生，使社会的先进精神内容得到扩展，使社会的先进精神生产力得到提高。

新科学教育关注科学与社会的关系，重视社会对人发展的需求，

---

[1] 翁其银. 论新技术革命是物质文明的动力. 青海社会科学，1985(4)：24-29.

希望能有效实现学有所教、教有所用的良好局面，培育大量高素质人才。新科学教育能够激发人们探究学习的热情，进而有效提高人们的道德品质与智力水平。在全方位的精神滋养和文化熏陶下，人民的科学素养极大提高，精神文化生活日益丰富，引导其树立起对物质、政治、精神、社会的责任，引导其参与到国家的经济建设、政治建设、文化建设、社会建设各方面和全过程，能促进社会各层面的高效合作。

新科学教育不仅为大众掀开科学的神秘面纱，而且扎根在人的"生活世界"之中，能够让科学发展的每个重大环节都闪烁着人性的光辉，更渗透着求实创新、自我发展、和谐统一等有助于创造幸福生活的精神期许[1]。这样有助于全社会形成讲科学、学科学、爱科学、用科学的良好风气，促进全社会各行业的高速发展。

---

[1] 侯新杰. 论科学教育的人文价值及其实现. 河南师范大学学报: 哲学社会科学版, 2002, 29(3): 117-119.

（五）

对人类，有助于推动人类进步，构建人类命运共同体，促进人与自然的和谐发展

人类只有一个地球，各国同处一个世界，人类对于自然界的探讨，远非为了满足个人或国家的需要，而是为了谋求世界各国的共同发展，构建"同舟共济，权责共担，增进人类共同利益"的"人类命运共同体"[1]。

迅猛发展的现代科技，与人类的生产实践、社会实践紧密结合，正在改变着世界的产业结构和就业结构，改变着科技、教育、文化事业的形态，极大地促进着现代社会变革和人类的思想解放，迅速而深刻地改变着人类社会的面貌。正如英国学者贝纳尔所说："科学像语言、艺术、宗教、法律和政治等人类所有其他的建制一样，已造成了一种内容和一种力量，这一内容和力量超越了那些逐步帮助造起科学而用的手段或动机。相比其他一些更具社会性的建制，自然科学显示出更大的自立能力，它稳固地附着在物质世界里，在有生物

---

[1] 胡锦涛. 坚定不移沿着中国特色社会主义道路前进，为全面建成小康社会而奋斗——在中国共产党第十八次全国代表大会上的报告. 人民日报，2012-11-08(01).

和无生物的属性上"[1]。作为一种自立性的人类建制，科学技术是世界性的、时代性的，科学技术的发展应怀有全球视野，聚四海之气、借八方之力。

相应的，以推动人类科学素养为目的的新科学教育，参与到未来发展、粮食安全、能源安全、人类健康、气候变化等人类挑战之中，推动国际间的合作共赢，构建人类命运共同体，让科学技术惠及其他更多国家和人民，为全世界的和平稳定而努力。[2]

从荆钗布裙到绫罗绸缎，从食不果腹到山珍海味，从风餐露宿到高楼大厦，从车水马龙到高铁飞机，从"人到七十古来稀"到联合国人口署把老年人的年龄界限定为"85岁以上"，人类的衣食住行、生老病死发生了翻天覆地的变化。科学技术的发展正在推动人类进步。2018年全国科技工作会议公布的数据显示，我国2017年的科技进步贡献率达57.5%[3]，而世界上创新型国家科技进步对经济发展的贡献率在70%以上，美国和德国等甚至高达80%。这表明，我国的科技发展离世界先进水平还有不少距离，我们需要通过新科学教育，让科学技术成为民生发展，乃至于全人类幸福生活的重要支撑和引擎。日益革新的科学技术也缓解了人类的生存困境。面对将来，我们相信，能够避免祸害、制服灾难性疾病、消灭贫困的一定是科学，而能够全面推动科技进步、科技创新的必定是科学教育。

---

[1] 贝尔纳. 历史上的科学. 伍况甫等译. 北京：科学出版社，1981：694.
[2] 习近平. 在中国科学院第十九次院士大会、中国工程院第十四次院士大会上的讲话[EB/OL]. [2019-05-10]. http://www.xinhuanet.com/politics/2018-05/28/c_1122901308.htm.
[3] 杨舒. 2017年我国科技进步贡献率达57.5%. 光明日报，2018-01-10(8).

19世纪的赫胥黎曾经论述过科学教育对于人类的意义。他认为,"如果不是从大量的科学中得到共同的精神素质,民族和个人就不能真正得到发展""受过教育的人早就考虑到对自然界的探讨——远非为了满足每日的需要——应当对人类生命肩负重任"[1]。近年来,科学技术令人类社会进入了一个前所未有的创新群体集聚时代[2]。借助科学技术,人民群众更加深刻地融入社会生活,获得了更多的交流、合作、发展的机会。科学技术的发展也为国家提供了融入全球科技创新网络、参与全球科技创新治理的契机,让国家承担起树立人类命运共同体意识、推动构建人类命运共同体的责任。

人类既是大自然的开发者,也是大自然的建设者,两者息息相通、命脉相系、融为一体。但近百年来,人类对自然资源和社会财富的需求成倍增长,空气、土壤、水资源等环境问题日益恶化,自然资源的分布时刻影响着国际格局和世界稳定,整个生物圈的健康与和谐面临着严峻的考验。1972年,联合国在其发表的《人类环境宣言》中明确指出了人类保护和改善生存环境的基本责任,要求必须"应用科学和技术以鉴定、避免和控制环境恶化并解决环境问题",必须"发展环境科学、技术和教育",必须通过科学教育扩大人类环境保护的舆论基础和行为基础,以此促进经济和社会的发展[3]。值得欣慰的是,随着科学技术的转化与应用,随着科学教育的推进与深化,人类已通

---

[1] 赫胥黎. 科学与教育. 单中惠, 平波译. 北京: 人民教育出版社, 1990: 101.
[2] 科技创新促和谐——中国科学院院长路甬祥纵论今年世界科技发展大势. 人民日报, 2005-12-28(7).
[3] United Nations. Declaration of the United Nations Conference on the Human Environment [EB/OL]. [2019-05-10]. http://www.un-documents.net/unchedec.htm.

过提高资源利用率、开辟新型可代替资源等方式改变了传统的劳动生产方式[1]。

通过新科学教育,建立起人与自然、国家之间的协调共生机制,为人与自然的和谐共生、为世界的和平与稳定提供有效的路径,是当代科学教育工作者的使命。

---

[1] 赵成,方鸿志. 论科学技术与生态化生产方式的形成. 科学技术哲学研究, 2007, 24(5): 9-12.

四

新科学教育的原则与路径

新教育实验的开展已有 18 年，在很多方面取得了丰硕的成果。虽然我们第一次在年会上以科学教育为主题对科学教育进行专题研究，但作为新教育实验卓越课程体系的重要组成部分，我们对于科学教育理论与实践的探索从未停止过。

在 2017 年 11 月海门新教育国际高峰论坛期间，新教育研究院举行了科学教育叙事的征文比赛。我们利用 Nvivo 软件对实验区或学校参赛获奖的有关科学教育的 99 篇文章进行质化分析，发现有一些共同的特征。

一是体现了新教育理念。 幸福完整的教育生活是新教育实验的追求，在 99 篇文章中，含有新教育、幸福、开心、快乐、愉快等表达新教育追求字眼的文章达 76 篇，占 77%。具体这些词出现的频次如下图所示。

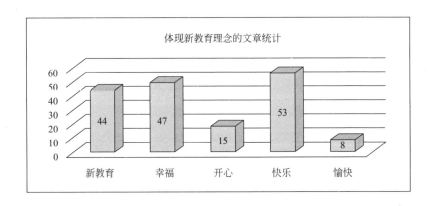

可见，新教育实验区和实验学校的大多数科学教师接受了新教育的理念，努力使科学教育成为学生幸福完整教育生活的一部分。如沈阳市皇姑区岐山二校的马玉辉在他的教育叙事"用一朵花开的时光，守望成长的幸福"中描述了一次在他们开展"奇妙的菌世界"主题科学活动中，邀请了中国科学院沈阳应用生态研究所东北生物标本馆馆长、生物资源与生物技术研究中心袁海生副主任与中国科学院沈阳应用生态研究所赵曼如两位专家为学生进行科普讲座，并指导学生自己在家培育"榆黄蘑"，每天书写观察日记和心得的教学实践。结果发现"迫不及待""满心期待""小心翼翼""惊喜万分"成为学生们日记中最常用的词语。让他深深体会到"小小的一次科学实践，让孩子们收获了精心培育后的惊喜，践行了科学探究的方法，孩子们的生命也因一次次探究之旅变得更加精彩"。

二是注意到科学阅读。99篇文章中有31篇涉及了科学阅读。其中13篇文章提及培养学生的阅读习惯，推荐学生阅读科学作品，或在学校建立阅读角，不过这些叙事中没有具体说明如何引导学生进行科学阅读，我们把它归为初级阅读；还有18篇文章在介绍科学阅读时，谈到如何引导学生进行科学阅读，或把科学阅读作为科学探究的有机组成部分，提到让学生查阅资料、交流讨论、分享感受、发表观点等，我们把这类科学阅读归为深度阅读。如江苏海门市海南小学的徐杰老师在他"阅科学·悦科学"的教育叙事中，举例说明了自己如何把科学阅读作为科学教育的有机组成部分，认为科学阅读不仅有助于学生对书本知识的掌握，更是科学学习能力的内化。还是一种教学策略，是促进科学概念转变的工具，是丰富学生的创造力和提高思考能力的有效教学方法。

但总体而言,科学阅读在新教育实验中还只是被注意到的科学教育方式,进行科学阅读的分级、分类和指导都还远远不够,甚至有的教师在教育叙事中把科学阅读等同于一般的文学阅读,或把科学阅读只作为提高学习科学学科兴趣的手段,这都说明科学教育中的科学阅读水平有待进一步提高。

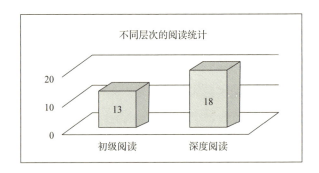

三是开展了科学写作。文中涉及科学写作的文章有 65 篇,有的是教师在教学中让学生"记录""写出"观察到的自然现象或实验现象,而低年级会用"绘一绘"和"画出"的方式,也有不少教师会让学生写出阅读科学的"感想",个别教师提到学生写了科学探究的"小论文"。成都市磨子桥小学分校黄艳在她的教育叙事"依托幸福农场,在种植过程中培养孩子的探究能力"的教育叙事中,不仅鼓励学生每天写观察日记,还开展了"我班的幸福农场"作文比赛,希望学生在实际生活中体验种植、管理和收获的乐趣,把除草、培土、选种、播种、浇水、管理、施肥、收获以及日常生活心得体会等作为作文素材;鼓励学生用眼睛去看,用思维去想。

同样的，在涉及科学写作的教育叙事中，提到让学生进行一般性观察"记录"的比重偏大，对科学写作的分类及指导基本没有。

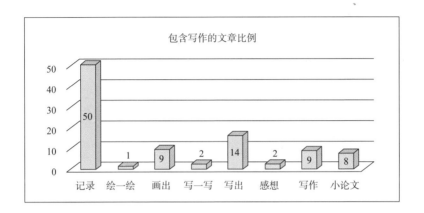

以上表明，新教育实验的科学教育在没有系统研究之前，各个实验区、实验学校已经有了一些独具特色的科学教育实践的探索。这些探索为新科学教育的提出奠定了良好的基础。当然，这些探索是初步的、零散的。新科学教育还应该有更高远、更全面的追求。

(一)

新科学教育的原则

在科学教育中,不同的学者有不同的原则和主张。如温·哈伦等多位世界优秀的科学家、教育家在《科学教育的原则和大概念》中就提出过支撑科学教育的10项基本原则。如在义务教育的所有阶段,学校都应该设置科学项目;应该从学生感兴趣并与他们生活相关的课题开始,逐步进展到掌握大概念;应该促进教师之间的合作,并需要社会力量,包括科学家的参与;等等。

由于中文中"科学"概念一开始是指自然科学,"既不包括西方的人文科学,也不必然指涉希腊的纯粹理性科学"[1],所以这就很容易产生科学教育的工具化、功利化的弊端。梁启超先生早就指出其弊端在于,一是"把科学看太低了,太粗了",二是"把科学看得太呆了,太窄了"。他提出,"那些绝对的鄙厌科学的人且不必责备,就是相对的尊重科学的人,还是十个有九个不了解科学性质。他们只知道科学研究所产结果的价值,而不知道科学本身的价值;他们只有数学、几何学、物理学、化学等概念,而没有科学的概念。他们以为学化学便懂

---

[1] 吴国盛. 科学. 北京:三联书店, 2017:5.

化学，学几何便懂几何；殊不知并非化学能教人懂化学，几何能教人懂几何，实在是科学能教人懂化学和几何。他们以为只有化学、数学、物理、几何等才算科学，以为只有学化学、数学、物理、几何……等才用得着科学；殊不知所有政治学、经济学、社会学……，只要够得上一门学问的，没有不是科学的。我们若不拿科学精神去研究，便做哪一门子学问也做不成。中国人因为始终没有懂得'科学'这个词的意义，所以五十年总有人奖励学制船、学制炮，却没有人奖励学科学；近十几年学校里都教数学、几何、化学、物理，但总不见教会人做科学。或者说，只有理科、工科的人们才要科学，我不打算当工程师，不打算当理化教习，何必要科学？中国人对于科学的看法大率如此。我大胆说一句话：中国人对于科学这两种态度倘若长此不变，中国人在世界上便永远没有学问的独立，中国人不久必要成为现代被淘汰的国民"[1]。

从新教育理念出发，在遵循新教育课程体系的普遍原则基础之上，新科学教育特别强调以下六大原则。

1. 新科学教育注重科学与人文相结合，让科学教育更有温度

生命力是科学教育温度的重要标志。新科学教育的温度不仅表现在当下的科学教育过程是有活力的，也表现在这种教育是师生未来发展的动力。

新科学教育重视科学教育过程，把它作为师生幸福完整教育生活

---

[1] 梁启超. 科学精神与东西文化. 学灯，1922-8-23.

的组成部分。认为科学教育过程不是为了实现科学在知识上的复现，而是实现科学在探究过程中的复活。这不仅因为科学知识总是在不断变化中，还因为当纯粹的知识以结果呈现时，就会无血无肉，枯燥无味，无法激发学生的学习兴趣和热情。而将科学教育过程还原为科学的"求真""创新"过程，从好奇到兴奋，从疑惑到探索，从心动到行动，充满情趣，充满活力，既满足儿童好奇的天性，也能激发探究的欲望。

科学教育的温度还指科学教育在奠定学生未来生活需求的同时，也能为科学指明善的方向，从而让每一个人成为更好的人，也让每一种科学能够更好地造福人类。

德国哲学家胡塞尔指出："科学的'危机'表现为丧失其对生活的意义。因此，从文化的意义上看，走出科学危机乃至社会危机的出路是让科学回归生活世界。"[1] 教育中要使科学知识复活，赋予它温度，通过科学知识与人的生活的对话实现。特别是在今天这个到处充满科技的世界，没有科学知识，一个人几乎很难生存，也无法有合适的工作机会。而当科学知识与儿童现实生活相通，与社会生活相通，与人类命运相通时，很容易引发学生的好奇心，引导学生探索知识的奥秘，引起学生对知识的渴望。

其实，科学知识只是一位单翼的天使，唯有善良为其增添一翼，才能引领人类飞翔。19世纪美国著名教育家、被誉为"美国公立学校之父"的霍勒斯·曼就曾经说过："美德是一位失明的天使，唯有

---

[1] 胡塞尔. 欧洲科学的危机与超越论的现象学. 王炳文译. 北京: 商务印书馆, 2001.

知识为其带路,方可抵达最终目标。"因此,追寻"有人性的科学",具体地说,是追寻"有人性之善的科学",在信息时代到来之际,在科学发展日新月异之际,正是我们开展科学教育所应该遵循的宗旨所系。

"科学的对象是物,而教育的目标是人。当以物为对象的科学服务于以人为目标的教育时,科学的身份就要发生相应的转移:从物转移到人,从自然界转移到精神世界,使科学成为一种富有人性的、有助于人发展的文化材料和形式"[1]。

我们倡导的新科学教育应该更加人性化,不能把科学教育演变为单一的知识传递或蜕化为单纯的游戏,更不能把科学教学变质为机械的标准程序。要在自然与社会的生动情境中、在学生积极主动的探究体验中、在与历史上科学大师的思想及精神对话中进行科学教学,在知识、生活和生命的共鸣中提升科学素养。

新科学教育与新人文教育组成了新教育智识教育,两者本身就是鸟之两翼,车之双轮。新科学教育让人通过各种科学技术知识、方法和观念的学习,提升人认知自然世界、改造物质世界的能力,进而促使其在社会中建立恰当的人际关系,这是一种"由表及里"的人的发展活动。新人文教育则通过各种人文科学知识、信念、理想和态度的学习,改变人的主观世界,进而指导人对物质世界和人类社会的改造,这是一种"发乎中而形于外"的人的陶冶活动。

我们倡导的新科学教育应该更加人性化,也指新科学教育与

---

[1] 周川. 教育中的唯科学与反科学. 教育研究, 2000(2): 3-6.

新人文教育可以互相借鉴、共同发展、融合创新。比如科学精神的养成，其本身也是一种人文教育的过程，在其中，学生可以通过一步一步解决各种复杂问题的过程获得科学知识，提高自身善于发现与解决问题的能力，加强责任担当意识、审美情趣和合作精神。

2. 新科学教育注重动手与动脑相结合，让科学教育更有力度

赫胥黎认为："科学教育的最大特点，就是使心智直接与事实联系，并且以最完善的归纳方法来训练心智；也就是说，从对自然界的直接观察而获知的一些个别事实中得出结论。"[1] 无疑，归纳法是科学逻辑思维中的一种方法。正是科学的思维方法，使得科学具有强大的解释力、预测力、批判力。科学教育的力度一方面表现在能帮助学生养成理性思维的习惯，提高学生辨别是非和评估事物的能力，提高批判性思维能力；另一方面，科学教育对思维的训练也是对学生智能进行开发，可以让孩子们的思维能力、想象能力和创造能力得到发展，也为终身学习奠定坚实的智力基础。

这种智能的训练，也会带给人探索世界的理智感或者智慧的享受。理查德·费曼在《科学的价值》中从科学家的角度阐明了这种感受："科学的另一个价值是提供智慧与思辨的享受。这种享受一些人可以从阅读、学习、思考中得到，而另一些人则要从真正的深入研究中得以满足。这种智慧与思辨享受的重要性往往被人们忽视，特别是那些喋

---

[1] 托·亨·赫胥黎. 科学与教育. 单中惠，平波译. 北京：人民教育出版社，1990：48.

喋不休地教导我们科学家要承担社会责任的先生"[1]。很多科学家在回忆自己成长的过程时,都强调了自己少年时科学探究经历的快乐,由科学的兴趣发展为志趣,把科学作为终生的事业。

当然,科学教育活动光有智能的训练是不够的。从感性认识到理性认知,从理性认知到具体实践,是科学的认知过程,在这个过程中科学的实践活动和科学的思维相得益彰,促进发现和创新。在科学的教学过程中,"动手"对应科学实践活动,是指与身体感官和动作相关的活动;"动脑"对应科学思维,是指与大脑相关的智能训练。动手与动脑只有互相结合,才能使学生体验完整科学的认知过程,在提高科学实践能力的基础上训练科学思维,在思考的基础上实施科学实践活动,使科学教学过程充满生命与活力。

首先,活动是科学思维的起点,人通常是通过活动认识事物、认识环境的,活动产生对物的好奇,活动产生要分析的问题,活动产生解决问题的愿望,活动中努力控制行为适应环境,这都是带有理智的思维过程,可见科学的思维从活动开始。不带思维的活动只是游戏,或是操练。

其次,活动是思维的依据,只有通过各种感官的活动科学地了解事物的存在、性质、结构、功能,才能进行科学的分析、分类、概括、推理,构建科学模型。活动受思维的控制越强,活动的目的性越强,也越有利于科学思维的发生。当然,惯有的思维定式有时也会使学生在活动中错失发现的机会,这时引导其合理地质疑、猜测、想象,可

---

[1] 理查德·费曼. 你干吗在乎别人怎么想?. 李沉简,徐杨译. 北京:中国社会科学出版社,1999: 12.

激发创新的灵感。"观察没有产生理智的结果，是因为在观察过程中没有带着需要加以确定和解决的有意义的问题"[1]。即没有思维的活动不会有科学的结果。

再次，活动也是思维的目的，科学转化为技术，应用于工程，解决生活实际问题，都是以活动的形式开展的。"当思维被用作一种手段，去达到超乎它本身之外的某些美好的或有价值的目的时，它就是具体的"[2]。解答理论问题也会推进活动的深入，也就是说，思维是能够帮助活动达到成功的目的的。无论是科研还是在教学中，达不到目的的活动也是很有价值的，"失败乃成功之母"，引导学生反思活动过程，分析失败的原因，同样是对思维的训练。

在这方面日本教育界盛行的"自由研究"，就是把动手与动脑、科学实践活动与科学思维结合的典型。

"自由研究"的类型可分为科学实验型、社会调查型、环境观测型、美工劳作型。例如，科学实验型的研究有"香蕉也会被晒伤"，把香蕉用铝箔纸包起来，涂上防晒霜后，观察香蕉晒后的情况。社会调查型的研究有"调查自动贩卖机"，归纳出近年来自动贩卖机的省电功能，以及附加的社会功能。例如，地震发生时，自动贩卖机会发出警示；可以设定发生公共灾害时，贩卖机里的饮料或饼干不用投钱就可取用；等等。环境观测型的研究有"扬羽蝶的秘密"，详细观测扬羽蝶虫蛹羽化成蝶的过程，并记录时间。美工劳作型的自由研究则为工艺制作，例如制作水车、简易的雨伞搁置架、陶艺厨具等。

---

[1] 杜威. 我们怎样思考·经验与教育. 姜文闵译. 北京：人民教育出版社，2005：206.
[2] 杜威. 我们怎样思考·经验与教育. 姜文闵译. 北京：人民教育出版社，2005：183.

很多学生都会从上述的类型中选择一种，进行一个月左右的研究活动。"自由研究"必须提交报告书，报告书的内容包括：研究的动机、调查的事项以及自己的假设；准备了哪些东西，用什么方法观察，得到了什么结果；最后说明学习到的知识和需要反思的部分。报告尽可能用文字、图表、照片和数据来解释说明，同时提供参考数据和书籍的出处。假期中进行的"自由研究"，开学后要在班级或在全校举办的展览中进行展示[1]。

3. 新科学教育注重校内与校外相结合，让科学教育更有长度

欧洲理事会 ET2010 补充性报告《终身学习的关键能力》明确指出：科学技术能力是终身学习的关键能力之一，是公民在知识经济时代实现个人发展、促进就业与社会凝合所应必备的关键能力。

新科学教育重视这种有长度的学习能力的培养。然而学校的科学教育空间有局限，课堂的教学时间有局限，因此学习的内容、方式都是有局限的。我们认为，新科学教育不能止步于课上 45 分钟，更不应该止步于考试结束之时，应该延伸至整个学习生涯，是一种终身的学习。科学教育也不应局限于校内，可延伸至日常生活、社会生活，或解释更多未教过的自然现象，或解决更多的真实问题。

为此，新科学教育应该为学生提供拓展、活化、应用课内所学知识的机会。包括将课内所学的内容拓展为研究课题，进一步深入研究；或者为学生提供可关注和讨论的与科技有关的社会问题等等。

---

[1] 李冬梅. 日本孩子借"自由研究"认识世界. 中国教育报, 2016-8-12(03).

如浙江一所初中的科学教师在课堂上让学生探究电子秤的电路图，要求学生课后继续探究其电路图还能用到什么地方。学生在教师引导下打开思路，进行专题研究。于是，利用这个电路图设计的拳击测力计、身高测量仪、风力计、加油枪等应运而生。

目前有很多需要公众关注、与科技有关的社会问题，如环境安全、食品安全、网络安全、医学伦理、人工智能等。根据学生的知识、经验和能力，结合科学教育，为其提供一些具体的新闻话题，如城市热岛效应、酸雨、三聚氰胺、地沟油、转基因、克隆等，让学生进行研究，展开辩论，不仅能提高思辨能力，也能提高团队合作、交流表达的能力。

新科学教育特别重视"家校合作共育"的行动，认为真正的新科学教育应该是全方位、全过程的。首先，家校合作共育是获得社会、公众对科学及科学教育全面支持的过程，社会对科学重视，科技人员在社会发展中发挥作用，都能促使青少年参与科学讨论、激发对科学的兴趣；其次，家庭和社会有丰富的科学教育资源，家庭中的厨房、阳台、卫生间等都是天然的实验室。社会的各种博物馆和科技场馆，学生综合实践活动基地，工业旅游和农业旅游等都是巨大的科学知识宝库。各行各业的专家和术有专攻的家长，都是非常优秀的校外科学教师。努力开发各类科学教育资源，使学校的科学教育与家庭、社会的科学教育结合，形成科学教育合力。再次，家校合作共育，也能帮助公民更深入地理解科技的作用及影响，进一步提高公民的科学素养，创造良好的科学文化氛围，促进科学教育长期良性发展。

现在很多学校也直接引入一些社会资源，建立了博物馆、标本室、生态园、气象或天文观测站等，不仅为学校科学教育提供了丰富的教育资源，也为学生的科技活动提供了广阔的天地。如新教育实验学校温州翔宇中学就建立了蝴蝶博物馆、昆虫博物馆、谜语博物馆、生命教育馆等。通过假期研学，更多学校的学生也分享了这些资源。其实，即使没有这些高大上的设施，学校的一草一木、一山一水、一砖一瓦也都可以成为科学教育的资源。关键是如何发现和利用好这些资源。

4. 新科学教育注重分科与融合相结合，让科学教育更有深度

对人创造力的激发和挖掘，是新科学教育有深度的表现。借助于科学的慧眼，学生能把世界看得更清楚，更明白，发现更多美好的事物，包括自然的奥秘。而科学发现和发明，是激发学生创造的重要动力。在过去的几百年里，科学对物质世界的改造和创造是其立身之本。科学的实践活动不仅改造了物质世界，还创造出不存在的物质，使得今天的世界已完全不同于过去。科学的这种创造力，决定了它必将是人们未来解决环境、能源、材料、生命等复杂问题的首选。

科学教育对人自身的生命创造也有重要价值。赫胥黎在把科学引进教育时就认识到科学教育不应仅满足于日常生活，还可以影响人的精神生活。杜威认为"倾向于信仰""轻信"是人性固有的弱点，要克服这些弱点必须要依靠科学教育。科学是防止这些"自然倾向"扩大以及由此而产生恶果的工具。

新科学教育采用分科和融合两种课程形式,让教育对人创造力的挖掘更有深度。

科学分成不同学科,这是近现代科学研究对象和方法分化的结果,是科学研究深入的一种方式。科学共同体建立学科范式,以共同的观念、方法、规则和手段,研究物质世界,创造、积累和传承他们关于物质的共同看法——知识,于是便有了数学、物理、化学、生物等不同的科学学科。当然,不同学科的知识、方法等并不是壁垒森严,往往有许多交叉、渗透。法国物理学家普朗克曾经说过:"科学是内在的统一体,它被分解为单独的部门,不是由于事物的本质,而是由于人类认识能力的局限性。实际上存在着从物理学到化学、生物学、人类学、社会科学的连续链条。"[1] 现代科学的发展趋势越来越证明了普朗克的判定是正确的。包括文理学科在内的各门科学正相互交叉、相互渗透、纵横交错,构成了科学的"连续链条",很多科学本身已经是综合学科。且今天任何一个社会问题的解决都不是单一学科所能做到的,不仅要将自然科学、技术、工程、数学等结合在一起,还要将艺术、哲学、历史等人文学科融合。而科学的发展和应用还涉及它的社会条件(不同时期的社会、经济、政治与文化)和技术的发展,科学与科学知识本身,与技术、社会、经济、政治、文化等密切相关。

分科课程与融合课程是两种不同的课程组织方式。这里的融合既指不同学科的融合,也指学术性课程(学科科学)和经验性课程(活动

---

[1] 唐斌,尹艳秋. 科学教育与人文精神——兼论科学的人文教育价值. 教育研究,1997(11):22-25.

课程）的融合。分科课程按物理、化学、生物等分科学习，学科学习系统、有序、深入，有利于学生学习知识和技能。缺点是把完整的世界肢解和割裂，缺乏社会的适切性。融合课程的提出旨在克服上述弊端，有着多种组织方式，有松散、拼盘式的，也有深度交织、融合式的。新教育倡导开发和实施多学科融合的科学课程。以项目学习的方式开展学习，也称科技类项目课程。

新科学教育打破传统的学科界限，实现多学科的融合，不仅是因为科学本身发展的缘故，还与多学科整合后的教育特点有很大的关系。多学科融合的科学教育不是简单地把不同学科加在一起，而是围绕某个特定的主题展开，该主题会衍生出一系列问题，而问题的解决涉及多个学科，它要求学习者超越学科界限理解和识别问题的本质，进行批判性思考和创新性思考，并综合运用科学、技术、工程或数学等学科的知识，做出科学决策。在这个过程中，其目的不是学习不同学科的知识，而是要以整体、联系的思维解决各种现实问题，这是一种深度的学习，也是对高阶思维的训练。

多学科融合的新科学教育的教学场所不再局限于课堂和学校，而是强调学习者的主体功能和学习环境的真实性，通过学习情境互动建构知识体系。课程实施方式的开放与动态，可使学生有更多的机会接触与科学相关的各种职业场所，获得将科学探究转化为实践以及进行科学创新的机会。

多学科融合的新科学教育不是让学生被动地学习，而是从现实世界中寻找题材，设计的学习项目更加贴近学生的实际生活，更富意义和趣味性，从而调动学习者学习的自主性；丰富的题材也能使学生理解和辨识不同情境下的知识展现形式，进而灵活地运用知识和技能。

多学科融合的新科学教育不再是知识和技能的传授，也不只是方法的学习，融合为 STEM［科学（Science）、技术（Technology）、工程（Engineering）、数学（Mathematics）］或 STEAM［科学（Science）、技术（Technology）、工程（Engineering）、艺术（Art）、数学（Mathematics）］，把技术、工程置于科学、数学教育同等重要的地位，这是为了突出过程与实践，因为工程和技术的目的都是解决问题，涉及的工程设计、工程制作和技术应用都是以活动为基础创造的一种探究体验式学习方式。

科技类项目课程分两类，一类是科学研究项目，希望学生像科学家进行研究一样，在探究过程中学习科学；一类是工程设计项目，希望学生像工程师设计和制造一样，在此过程中学习科学。

我们目前正在开发这两类项目学习课程。科学类项目课程在影响人类文明的科学实验中选择项目主题；工程类项目课程在制造、建筑、交通、生化、能源、通信等领域选择项目主题。依托科学大概念，融合新教育理念和 STEAM 教育特色课程。课程设计的核心是选择一个有意义的问题，围绕着工程设计流程和工程项目管理中常用的工作分解展开教学。开发的课程具有四个深度学习的特点：（1）学习方式是基于项目的。（2）学习环境是探究式的。（3）教学方法是支架式的。（4）学习方式是做、读、写融合。

在这样的项目式学习中，需要一个真实情境，并且没有确定的解决路径，要求学生灵活应用各学科的知识和各种思维技能来解决问题,提供多种多样的想法和解决方案,通过师生的共同协作,创造性地完成目标。在这个过程中,教师不是知识的传授者,而是合作探究的伙伴。

万事万物皆为学问,新科学教育和一般科学教育不同,它可以蕴藏在一切学科之中。毫无疑问,数学、物理、化学、生物等这一类的科学教育,彰显着最为直接的科学,是新科学教育的主战场;语文、历史、政治等人文教育中,也蕴藏着科学知识、方法,特别是科学精神的教育,通过挖掘可以成为新科学教育的源泉之一;人文与科学的融合更是新科学教育的特点之一。三者叠加,就可以从各种教育中发现新科学教育无处不在。

5. 新科学教育注重传统与现代相结合,让科学教育更有高度

"传统"与"现代"是人们用来界定发展历程的定性词语,传统是指从历史上沿袭和保存下来的,而现代是指刚刚出现的。涉及的内容非常广泛,几乎渗透到人类活动的每一个领域。

新教育实验注重传统与现代的结合。新科学教育为站得更高,走得更远,在这里要特别强调两方面。一方面是对传统科学精神的继承和对现代科学精神的发展。另一方面是传统教学手段与现代教学技术的结合。

科学精神的培养是科学教育的重要目标。传统的科学精神主要是指求真和创新,现代科学还非常注重精神上的自我反思。正是这种科学的信念,不断规范着科学家的行为,让科学家保持了对自然和生命的敬畏和崇拜,使得科学在人类文明的进程中发挥着越来越重要的作用。科学精神也由此成为人类精神财富的重要组成部分。

主动追寻科学精神的高度,就是要提高学生对于科学与人类文明、科学与可持续发展关系的认识,理解科学的价值,合理地利用科学,具有现代公民对于社会和谐、生态环境、人类和平的高度责任感,这是新科学教育的职责。

现代科技的迅猛发展对教育产生了极大的影响,"新技术带来的教育的第二次革命正在全球推进,这是 200 年前我们从学徒制带入普遍学校教育后的又一次革命,是由最近这些年发明的新技术引起的"[1]。这是因为数字化技术使学习的本质、学习的内容、学习的方式、学习的环境,都发生了巨大的变化。

"技术全面地改变了学生的学习方式,这种改变在科学、技术、工程和数学学科上有更深刻的意义"[2]。这是因为新技术使得科学家在科学实践中的表达、操作、信息交流和理念都发生了改变。如 1998 年诺贝尔化学奖授予英国科学家约翰·波普尔,他的颁奖词是"量子化学已经发展成为广大化学家使用的工具,将化学带入一个新时代,在这个新时代里,实验和理论能够共同探讨分子体系的性质。化学不再是纯实验科学了"。科学教育经过数字化信息处理具有信息显示多媒体化、信息传输网络化、信息处理智能化和教学环境虚拟化等特征,经过数字化处理,可以在多媒体计算机上或网络环境下运行多媒体材料和数字化的学习方式,使学生探究知识、发现知识、展示知识的方式

---

[1] 阿兰·柯林斯,理查德·哈尔弗森. 技术时代重新思考教育. 陈家刚,程佳铭译. 上海:华东师范大学出版社,2013.

[2] National Education Technology Plan.[DB/OL]. [2019-05-10]. https://tech.ed.gov/netp.

发生变化。

当然,现代教育技术不是教育改革的目的。好的技术一定是让学生全身心地投入学习之中,促进深度学习,这样才会产生变革式的学习。教学中如何将传统的教学技术与现代教育技术结合是非常重要的。

使用何种技术:传统技术和现代技术各有利弊,如传统实验仪器简单,现象直观,有利于学生动用各种感官感知现象。而数字化实验仪器昂贵,但现象量化,操作简单,携带方便,还能探测一些看不到的实验现象,但不利于学生动手能力和观察能力的培养。扬长避短,将传统与现代结合,教师要学会"对不同问题能运用不同技术去解决"。

何处使用技术:技术服务于教学,何处使用技术要看技术是否有助于教学。一是要在要点使用技术,促使学生沉浸学习中,如生态教学时的虚拟情境,可催生问题的产生和思考;二是要在难点使用技术,克服传统教学或学生认知过程中难以克服的困难,如微观世界的探索、太空的遨游等,可提高学生的学习能力。

如何使用技术教学:要关注技术使用的效果,因为同样的技术,不同的教学有不同的效果。如:技术是用于产生问题、发现问题,还是用于学习知识、验证知识;是用于发散思维、启迪灵感,还是用于熟悉流程、训练技能。使用技术是否促进科学探究,是科学教学中技术使用评价好坏的最重要标准。

新科学教育倡导"互联网+科学教育",即充分运用互联网技术,以学生、教师、父母、科学专业人员等不同群体,从网上和线下、阅读和实践等多角度、全方位立体交流，促使师生浸润在学习过程中，投入新科学教育的教与学之中。

江苏省南通市通州区张謇学校周玉华在实施家庭实验的过程中，就建立了网络平台，开辟了"操作指南""最新动态""实验天地""特色实验""博览天下"等栏目，让网络平台成为学生实验的助手。将学生的家庭实验置于网络环境下，实时传输学生的实验过程和数据研究结果，并邀请班主任、学科教师、学生家长、问题专家等协同探究，运用微信群、QQ 群等加强实验主体间的互动。评价过程也是充分利用互联网，让学生、父母和任课教师都参与进来。特别是对于学生在家庭实验室中的一些创新性实验，在互联网上予以展示，并让这些学生介绍科学创想的诞生过程。积极的评价、反思、小结，形成了学生家庭实验的成果。

6. 新科学教育注重全体与个体相结合，让科学教育更有广度

面向全体学生的科学教育，是世界各国科学教育改革最重要的原则之一，也是新科学教育对广度的追求。提高每一个学生的科学素质，增强每一个学生获取和运用科技知识的能力，对于改善未来生活，实现终身发展，对于提高国家自主创新能力，建设创新型国家，对于实现经济社会全面协调可持续发展，构建和谐社会，都具有十分重要的意义。

母小勇通过对 1985—2014 年 210 位诺贝尔物理学奖、化学奖、生理学 - 医学奖获得者的信息进行分析，发现有 133 位在自传中提到童年、少年时期，他们接受的早期科学启蒙与训练对其后来学术生涯的

影响。但他并不认可我国一些科学创新人才的早期培养跟大学的"少年班"和中学的"少年预备班"联系起来,认为试图通过"加速学习""压缩学习""超前学习"培养科学创新人才的模式是不理想的,违反了儿童生理和心理发展的特点。因为"实现学习进步并非仅仅是为孩子提供日益复杂的思想、观点和概念"。"科学创新人才早期培养的目标定位应该是'科学启蒙'与'科学普及'。具体来说,科学创新人才早期培养应该让孩子们感知科学、激发科学热情,通过向孩子们普及一些科学知识,让他们初步了解科学范式(方法和技能),为他们日后选择科学研究生涯奠定基础"[1]。

新科学教育面向全体学生,要将科学教育广泛联系社会的生产、生活实际,让学生了解科学、技术和社会的关系,进而明白每个人都需要一定的科学素养,无论是那些在今后可能成为科学技术工作者的学习者,还是那些在未来的职业中需要一定科学知识的学习者。

新科学教育面向全体学生,要努力为学生创造一种探究科学的环境氛围,促使学生保持对自然的好奇,对探究的兴趣,体验求真和创造的快乐,追求每一个人自身的智能发展。

新科学教育面向全体学生,需要给每一位学生提供发展性的科学教育的评价,不是简单地甄别、分级和选拔,是诊断和促进,使学生不断发展,成为更好的自己。

新科学教育面向全体学生,必须在普及科学、提升全员科学素养的同时,尊重每个学生的个体差异和个性特点,以科学特色课程的方

---

[1] 母小勇. 论科学创新人才的一体化培养——来自诺贝尔奖获得者的启示. 教育发展研究. 2016(9): 18-24.

式,兼顾不同学生的不同兴趣和需求。特别是要让有科学天赋的孩子,成为科学教育的宠儿,成为未来的科学家和工程师。

新科学教育面向全体学生,也要满足特殊学生群体对科学教育的不同需求,包括不同区域、不同家庭经济状况、不同智力水平、不同性别的学生。特别是要关注弱势群体的科学教育,如农村学校的科学教育、智障儿童的科学教育,让他们享有自身需要的科学教育,实现科学教育的均衡性。

如此一来,既让所有的学生享受科学之光的照耀,又让有特殊需求的学生有科学学习的资源,新科学教育自然就更有广度,科学根基也就在人民群众之中扎根得更为稳固。

(二)

新科学教育的实施路径

在新科学教育原则的基础上,新教育提出科学教育的实施路径是"做中学、读中悟、写中思",目的是让学生在科学教育中领悟科学的魅力,体验到科学实践的完整性,更深刻地理解科学的本质,更好地提高科学素养,使科学教育在师生的幸福完整教育生活中发挥积极的作用。

1. 做中学:科学教育的核心

从杜威的"教育即生活"到陶行知的生活教育理论,"做中学"是一个基本的教育原则,这里的"做"指的是社会实践。

中国的"做中学"项目是由韦钰院士积极倡导、教育部和科学技术协会共同发起的一项幼儿科学教育改革计划,它是在传统探究式学习的基础上发展起来的,字面的翻译是"基于动手的探究学习",因此这里的"做",指的是基于动脑、动手的科学探究,强调在动手做的学习中让学生建构自己的科学概念和认知模型[1]。

---

[1] 韦钰. 十年"做中学"为了说明什么:以科学研究为基础的教学改革之路. 北京:中国科学技术出版社,2012:1.

针对我国科学教育长期存在的重知识轻能力、重结果轻过程、重教师传授轻学生探究、重实用价值轻科学精神等弊端,"做中学"成为我国科学教育改革的一大亮点,特别在小学、幼儿园产生了广泛影响。

新科学教育的"做中学"是基于科学实践的科学学习,它是科学教育的核心。因为科学最重要的两大价值在于认识自然和创造世界,在这种认识和创造活动中,科学实践活动与其他活动最本质不同在于物质性,科学实践使用的工具、仪器、设备等手段是物质的,科学实践的对象是物质性的自然,科学实践的结果虽有精神的,但最重要的也是物质的。我们把人与物质打交道的过程称之为"做"。当然,科学实践的主体是人,这种"做"的活动不仅涉及双手、感官、肌肉、骨骼,还会涉及大脑,因为人进行活动都是有目的、有意识的,是有思考的实践活动。

今天的科学实践活动与人类的生活有着越来越密切的关系,科学改变着今天的世界,人类的生活已离不开科学和技术。基于科学实践的新教育的"做中学",一方面是要与师生的生活、社会实践联系,反映科学在真实世界中的活动和经验;另一方面是具有科学的探究性。多样性探究活动包括:

走进自然观察。自然是无字的课本,无边的课堂,精彩纷呈,又深藏无穷奥秘,是许多科学研究的源头。达尔文就是从自然观察开始,历时5年的环球航行,对动植物和地质结构等进行了大量的观察,出版《物种起源》,提出了生物进化论。蕾切尔·卡逊用自己敏锐的观察,在《寂静的春天》中向我们描绘了一个美丽村庄的突变,并从陆地到海洋，从海洋到天空，全方位地揭示了化学农药的危害，开启了世界环境保护运动。擦亮孩子的眼睛，让他们学会用科学的方法观察自然，探究自然的神奇和奥秘，是新科学教育重要的"做"的活动。这里特别要注意的是对自然的科学观察不同于欣赏自然，在波普尔看来，"经验观察必须以一定理论为指导"，明确观察的目的和指导科学观察的方法非常重要。只有方法正确，学生才能细致地观察和准确地测量，并详细地描述和记录。只有目的明确，学生才能比较分析事物的特征和变化趋势，深入探索物质存在的依据和变化的原因。只有指导得当，学生才能理性地理解自然，更深刻了解自然的魅力。

设计动手实验。通过系统的科学实验发现事物可能的联系和因果关系是科学研究最重要的方法，也是实现全面科学教育的最有效途径。青少年天生好动，动手操作总是最能释放他们的天性，奇妙的实验现象也最容易引起他们探究的好奇心。当然，任何实验都是根据一定的研究目的设计的，设计动手实验，让学生利用仪器、设备，人为地控制条件或模拟自然现象，不仅要引导学生正确操作、学会控制、仔细观察、准确记录。小心求证，还要引导学生大胆猜测，探索事物变化的原因。

引导科技制作。"工程是一种构建新的存在物的实践，以造物为本质特征"。"工程思维作为一种'设计'并'构建'新的存在物的思维，必然内在包含着遵循事物因果联系与规律的科学思维方式以及遵循方法手段操作流程与规范的技术思维方式"[1]。引导科技制作，是指让学

---

[1] 李永胜. 科学思维、技术思维与工程思维的比较研究. 创新[J].2017(4): 27-34.

生融合多学科知识，以工程制作为流程，学习制作有特殊需求或功能的产品。在这个过程中，工程设计、技术运用、实验探究都是重要的实践环节。这种"做"的过程，目标指向实用的产品，更能使学生理解科学的价值；多学科综合，更要求学生灵活运用知识；动手形式多样，更能使学生充分发挥创新潜能。

开展主题活动。选择有意义的主题实践活动，能使学生更直观地理解科学与社会、技术、环境的关系。主题不同，活动的形式也不同。如结合生活开展的劳动技能实训活动，结合环保开展的公益宣传活动，结合探秘开展的游学活动，结合科技场馆开展的参观活动，都会使"做"更具真实的情境和现实的意义。

2. 读中悟：做中学的引领

阅读本身是科学家进行科学实践的重要环节。科学家在进行科学研究时，要通过查阅相关文献，了解课题的研究历史、现状，找到解决问题的方法和思路，探索课题开发的新用途。科学教育中的科学阅读，除了让学生体验科学实践的阅读环节外，还有教育的作用。

科学阅读不仅是科学知识的获得和累积过程，还是科学兴趣、科学信仰、科学方法、科学态度、科学价值的养成过程。这是因为科学阅读的材料多种多样，有工具类的教材和教辅，有文学类的科普作品，还有研究类的科研文献，等等。通过引导不同类型的科学阅读，可以达到不同的目的。

趣味性的科学阅读，以引起兴趣为目的，指的是让学生通过阅读科学童话、自然画册等，在优美的语言和精美的画面中，了解自然的神奇和美丽，理解科学发现的神圣和魅力，引起孩子对科学的兴趣，激发他们对自然的好奇心，给孩子开启认识世界的另一扇窗。

方法性的科学阅读，以学习科学思考方法为目的，通常是指在阅读一些研究文献、研究方法论或科学家传记的过程中，梳理知识的来龙去脉，了解前人对这些问题的认知方法、实验方法或实践方法；挖掘这些方法背后的思想，比如分析科学家是怎样发现科学问题的，思考在科学发现时他们用了什么科学方法，理解他们是怎样从获得的证据中推理得出结论的，看能否模拟科学家的研究过程，做自己的科学探究，等等。

创造性的科学阅读，以学习创造知识为目的，指的是在阅读中运用已有的知识和方法发现问题，敢于提出质疑和自己的观点，形成研究报告，进而养成在阅读中思考的习惯。或是通过阅读科幻小说或科学推理故事等，展开充分的想象，激发科学创造的勇气，体验思考的力量。天文学家卡尔·萨根说过，科幻小说作为科学的引入物，常常能让读者爱上科学，并发现科学其实比科幻小说还要神奇！可见，引导学生进行深度的科学阅读，可以激发探究的欲望，拓宽探究的视野，打开探究的思路，坚定探究的意志，使"做中学"深入开展。

新教育实验在科学阅读方面已经进行了卓有成效的探索。新阅读研究所研制的《中国中小学生基础阅读书目》，其中三大阅读板块包括相当数量的科学读物。目前正在研发的中小学学科阅读书目，则将为科学、数学、物理、化学、生物、地理等学科选择100种基础读物。许多优秀的教师也在科学阅读方面积累了丰富的经验，提出了独到的见解。如海门海南小学的科学特级教师徐杰,多年来坚持带领学生进行科学阅读,在实践中总结了一些科学阅读的策略,采用双泡图、韦恩图、树形图、支线图、概念图、心智图、饼状图等帮助学生阅读科学材料,使孩子们的行为方式和思维方式都有明显改变,不少学生通过阅读学习科学记录和科学写作,习作在省市级的报纸杂志上发表。

通常意义上,科学阅读与文学阅读有着明显的差异。文学类阅读更注重的是故事欣赏、语言熏陶、情感共鸣、意境感悟。而科学阅读属于信息类阅读,更多的是对有用的科学信息进行提取并加工。

新科学教育的阅读结合了文学阅读和科学阅读的两大特点。除了阅读科学教材外,还可以以四类书籍为源,层层推进。

第一,科学故事类图书。这类图书人和物相融共通,情节跌宕起伏,很容易激发学生的科学兴趣。特别是当以故事的形式演绎人类科学探索发现的历史或幻想未来的科学世界时,总会发现,在科学家致力于探索发现陌生的事物和创造新奇的物质时,总是好奇与畏惧同在,美好与危险同在,成功与失败同在,幸福与艰辛同在。在新科学教育的阅读中,强调以这些故事引领学生认识科学的魅力,激发学生探索的兴趣。

第二,科技普及类图书。当今科学发展迅猛,已有的科学知识博大精深。科普类图书面向大众,以简约形象、通俗易懂的方式,介绍科学知识和技术及其应用,展现科技的进展和最新成就。新科学教育强调以科普类图书引领学生奠定生活基础,树立远大理想。

第三,科技史学类图书。科学技术史既要研究科学技术内在的逻辑联系和发展规律，又要探讨科学技术与整个社会中各种因素的相互联系和相互制约的辩证关系，是横跨于自然科学与社会科学之间的一门综合性学科。如科学家的传记所涉及的知识可以激发对科学的兴趣，科学家的探索之路可以给人以思考和启迪。科技发展史、科学哲学类书籍可以让学生了解科技的发展过程，明白科学的本质。新科学教育强调以科技史学类图书帮助学生立志，树立正确的科学价值观。

第四，学科专业类图书。直至今天，图书仍然是文明传承最重要的载体，所有科学学科的专业知识和技能都会通过图书得以细致的记录与阐释。当然，针对不同年龄阶段的学生，学术类图书的编写方式也会有很大的区别。对于幼儿，需要易懂和易操作，随着年龄的增长，知识的难度会加深，专业化程度会提高，实验操作或工程制作的能力要求会更高。对不同门类的科学进行深度阅读，可促进深入探究，是有效提升能力素养的重要方法。

新教育的阅读方法，可分为文学阅读和科学阅读两个层面。在过去这些年中，文学阅读的方法和特点已被新教育同仁熟知，下面我们着重介绍科学阅读的方法。

尤尔（L.D.Yore）和弗洛伦斯（M.K.Florence）提出，科学的言谈是一种专业化语言，具有自己的词汇与组织方式[1]，特别是科学的知识往往有明确的含义，科学的方法有明确的程序，科学的道德有明确的规则，要理解或体验这一切，除了一般文学阅读的技巧外，科学阅读还需要有一些特殊的教学策略：

---

[1] 蔡铁权，陈丽华. 整合IDEAS科学读写模式的科学教学. 教育科学研究，2011(5)：61-65.

激发阅读动机。除了文学性较强的科学故事类图书，科学文章或作品大多比较枯燥。教师或让学生明确阅读的目的和意义，或唤起学生阅读的好奇心，从而使学生自主阅读。

唤起背景知识。科学的知识往往有逻辑的关系，即新知识学习必须建构在已有知识的基础上。在阅读前和阅读期间，教师要努力唤起学生已有的背景知识。这有助于学生联系阅读内容，进行理解和推论。这些背景知识包括：事实性的内容知识，有关文本内容的组织或安排的结构知识，如何处理信息的过程知识。

提取和加工信息。科学的阅读不仅要提取信息，知道"是什么"，更重要的是加工信息，知道"为什么"和"做什么"，这就需要深度的阅读。教给学生阅读方法和认知策略，有助于学生明确阅读的重点，理解知识的深层含义，产生感悟与获得启迪。科学阅读时信息提取和加工的方法有：

问题式阅读。即在阅读前或阅读中，教师精心设疑，设置有难度、有层次的问题，包括是什么、为什么、怎么做、有什么用等，进而让学生在思考的过程中，加深对知识的理解。

列表对比式阅读。即通过列表阅读，提取相关内容中的不同部分，让学生比较、分析、归纳，深化对阅读内容的理解。

提纲式阅读。即以标题、粗体字作为提纲，要求学生阅读时加以补充。例如"在你阅读之前，先看看文中粗体字涉及的概念、规律或原理，记下它们，并留出空间，记录定义"。

概念图式阅读。概念图一般由"节点""链接"和"有关文字标注"组成。通过概念图可以将科学阅读中遇到的科学概念进行梳理，了解阅读材料中概念与概念间的关系，更好地加工阅读信息。这是增强阅读意义的重要方法，也是阅读过程中科学思维可视化的结果。

自我描述式阅读。即阅读过程中用自己的语言去定义概念，阐述规律，加深对阅读内容的理解。例如，"在学习这部分内容时，用你自己的话来定义那些粗体字术语"，或"在学习本部分内容时，用你自己的话来说明它们之间的关系"。

研究报告式阅读，也称文献综述。即针对某一主题，收集、分析、组织与归纳各式各样的材料，进行有条理和有系统的专题探究，最终解决问题的过程[1]。具体的步骤包括：确定主题、收集资料、整理分析资料、列出写作提纲、完成研究报告。

分享阅读结果。由于各人的知识经验不同，对材料的解释有所不同，理解和感悟也会不同。教师引导学生从自身经验出发，多角度表达自身观点，通过相互的切磋讨论，交流各自对材料的理解和体验，促进阅读。特别是学生能结合已有的知识、想象力，创造性表达见解，在阅读中获得创造性体验。

3. 写中思：做中学的升华

写作是将个人思想以文字或符号的形式表达出来，并以此与他人进行交流沟通的一种方式。它是一种创造性的陈述，也是一种自我对话的历程。

通常人们把写作的人称为作家，认为写作是文学家、社会学家等

---

[1] 罗宾斯·鲁. 如何撰写一份研究报告. 陈圣谟, 林秀容译. 台湾: 心理出版社, 2007: 1.

人文社会学科工作者必备的能力，但实际上写作也是科学家的必要工作。科学写作是科学家表达思想和思维的方式，是展示科学研究成果的手段，也是与科学共同体、公众交流的媒介，科学写作是科学实践的重要环节。"科学共同体成员运用语言来从事科学研究及建构科学主张，并以独特的辩论模式沟通探究历程及其科学理解，所以语言是科学和科学素养整合的部分"[1]。

科学写作也不同于一般的文学写作。一是形式不同，科学写作是将科学知识、理念等以文字、数字或其他符号形式表达出来的一种写作方式[2]，即除有文字表达外，还有数字、符号、图表等科学语言。二是目的不同，"科学写作须培养学生成为知识的转译者，而非知识的陈述者，知识的转译可说是一个解决问题的过程，涉及一些高层次的认知历程，例如想法的精致化和反省思考等"[3]。三是要求不同，不同于一般的文学写作，科学写作不能太过强调文法、句子等技巧性，应更注重科学概念和科学思维过程的描述或表达，将新学习的内容与学生头脑中已有的知识联系起来，在这种联系中建立起个人对科学的理解，是科学写作的要求。

新教育把科学写作作为学生重要的科学习得能力。

首先，科学写作是学生对科学知识的自我建构。在这个过程中，

---

[1] L.D.Yore, B.M.Hand, M.K.Florence.Scientists' views of science, models of writing, and science writing practices[J].Journal of Research in Science Teaching. 2004, 41(4)：338-369.

[2] 汪明，李洁. 科学写作：科学教育之有效路径. 当代教育与文化，2014(3)：89-92.

[3] 罗廷瑛，张景媛. 科学写作活动的知识建构对国小学生自然科学习效果之影响. 教育心理学报，2004(4)：337-354.

学生需要将头脑中的科学知识重新梳理、解释、组织、回顾或反思，并将这种思维过程用特定的符号表达出来。虽然并不像科学探究那样需要准确把握科学知识，也不像文学写作那样需要妙笔生花，但学生必须对知识有自己的理解，才能以清晰、简洁的方式传达复杂的科学概念和信息。

其次，科学写作过程是学生高层次心智的历练过程。它对学生的要求不只是纯粹把所学的信息、数据拷贝出来，而是要通过分析、推理、讨论、陈述、解释、综合、评估及诠释，提供新旧经验之间的联系，并在此基础上建立个人的科学理解，或者说是对已有经验知识在某种情境中的独特创造。

再次，科学写作是学生交流和表达的重要训练方式。在科学写作过程中，学习者除使用文字外，还可使用非语言形式，如图形、数字、表格、多媒体等，将自己所习得的知识、经验或思想通过科学写作来实现学习结果的有意义转译，并予以呈现，从而与他人进行沟通和交流。科学写作还能唤醒学生创新意识，促进学生的自主发展。如果老师能从学生写作中探索他们的思考能力，发现他们的创新意识，就可以以他们的思考方式去推测其思维特长和未来发展的可能性，鼓励他们战胜学习困难，在写作中发现自己，以创意激发科学的想象力，培养学生学习科学的自主性。科学写作是学生在学科学、做科学、用科学时内心的真实感受，能帮助学生发现自己，找到使自己生命蓬勃的方式。特别是明确科学是否是他喜欢的事，有没有可能成为他未来一辈子所从事的工作，进而形成一个自己的"科学梦"。

正因为写作在科学教育中有特别的作用，所以国外有学者和机构把 STEM 发展成为包括写作（Writting）和艺术（Art）在内的 STREAM。

科学写作的文体类型很多，有以记录为主的野外观测日记，以科学实验建构知识为主的实验研究报告，以阐述技术和工程功能为主的说明文本，以评价、批判研究成果为主的科学评论，以对以往科学研究反思为主的研究综述，以阅读科学小说、科普作品、科学著作为主的读书笔记，以推理想象未来科学世界为主的科幻作品，以展现科学思维过程为主的思维导图，以普及科技成就为主的科普作品。从作品的呈现方式看，可以是文本，也可以是绘本、图片、影像等。

科学写作也可以分为两种方式，一种是非结构式的，另一种是结构式的。

非结构式写作主要指观测日记、科学小品文、科普作品、科幻作品等写作形式，这些并没有固定的结构，它们或是以写故事的方式呈现关于某一过程或一系列事件的知识，或是对自己在科学学习过程中认知和情绪的表达，或是记载在学习过程中遇到的问题或疑惑，也可以是在完成一连串的活动之后，将他们的经历、体会、感悟描述出来。这类写作的文学性、趣味性、普适性较强，有利于科学的传播。

结构式写作主要是指调查报告、实验报告、研究报告、产品说明等，这类写作一般都有相对固定的结构。如研究报告，一般要包括：题目（要求明确、鲜明、简练、醒目。一般不用副标题，字数不宜过长）、摘要（要求准确、精练、简朴地概括全文内容）、引言（或前言、需要明确提出研究的问题，介绍研究的背景，指出研究的目的，阐明研究的假设，说明研究的意义）、研究方法（这是研究报告的重要部分，以实验研究法为例,其内容应包括研究的对象及其取样、仪器设备的应用、相关因素和无关因素的控制、操作程序与方法、操作性概念的界定、研究结果的统计方法等)、研究结果及其分析(这是研究报告的主体部分,内容主要包括用不同形式表达研究结果〈如图、表〉;描述统计的显著性水平差异;分析结果)、讨论(这也是研究报告的主体部分,内容主要包括研究方法的科学性、研究结果的可靠性、研究成果的价值性、研究过程的局限性、进一步研究的建议)、结论(这是研究报告的精髓部分,内容主要包括研究解决了什么问题,还有哪些问题没有解决;研究结果说明了什么问题,是否实现了原来的假设;指出要进一步研究的问题等)、参考文献。

对学生科学写作的合理评价,能促进对科学概念及其关系的理解,促进研究的深入。可以从研究主题是否明确和有意义,研究的问题是否有自己的主张和创意,研究想法和证据能否兼顾,能否理解并应用科学概念,理论解释是否符合逻辑,文章组织是否有整体性和层次性、文章表达是否具备流畅性和规范性等方面来进行评价。[1]

"读中悟、做中学、写中思"是新科学教育的重要实施路径,但这三者不是独立的,而是相辅相成的。在"读"和"做"的基础上进行的科学写作,是对"读"的理解、反思和领悟,是对"做"的解释、推理、体验和感悟。可见,"写中思"是对"读中悟""做中学"的升华,也能促进"读中悟""做中学"的深入。

"读中悟、做中学、写中思"作为新科学教育的实施路径,没有固

---

[1] 蔡铁权,陈丽华. 科学教育中的科学写作. 全球教育展望,2010(4): 85-89.

定的顺序和模式，可以通过读来引导做，也可以先做后读，获得科学的解释；可以边做边写，详细记录做的内容，也可以先用写作出预测，再用做来验证预测是否准确。可以在读的基础上写出文献综述，也可以在写的基础上，完善做的内容。

  "教学有法，教无定法，贵在得法""读中悟、做中学、写中思"的实施关键是与课程、课堂、教学、活动相融合。

五

新科学教育的行动计划

针对目前我国科学教育存在的问题和新科学教育已做的探索，我们希望近几年在以下方面做出努力，改进科学教育，为中国的科学教育探路。

（一）

研发体现新教育理念的科学课程

新教育认为，课程的丰富性决定了生命的丰富性，课程的卓越性决定了生命的卓越性。科学课程究竟应该教什么？这无疑是科学教育改革的首要问题。现在，科学教育的内容庞杂、学科分割、知识堆砌的情况比较严重。爱因斯坦说过"科学的目的，一方面是尽可能完整地理解所有感性经验之间的关系，另一方面是通过少数的基本概念和基本关系来达到理解的目的"[1]。英国科学教育专家温·哈伦也指出，"科学教育的目标不是去获得一堆由事实和理论堆砌的知识，而应是实现一个趋向于核心概念的进展过程，这样做有助于学生理解与他们生活相关的事件和现象"[2]。也就是说，科学教育应该以少数核心概念及其基本关系来展开。由于课堂教学时间和空间的有限，也由于科学知识本身的迅猛发展，精心选择最有价值的科学大概念，发挥其在发展中的最大作用，应该是学校科学教育改革的关键。

科学概念作为组织起来的科学知识，是一个相互联系的概念体系，其中有一些概念要比另一些概念解释更多的自然现象，甚至是跨领域

---

[1] 爱因斯坦. 爱因斯坦文集：第一卷. 许良英、范岱年译. 北京：商务印书馆，1976：344.
[2] 温·哈伦. 科学教育的原则与大概念. 韦钰译. 北京：科学普及出版社，2011：2.

的自然现象。在人类的历史上，这些科学概念的建立也给科学的发展和人类社会的进步带来了更大的影响。我们将这些概念称为核心概念。核心概念是纲，纲举才能目张。

如何选择科学的核心概念？美国《下一代科学教育标准》（NGSS）制定者提出了核心概念的4条遴选标准，符合下列2条及以上的才可以定为核心概念：（1）对科学或工程学的多学科领域都有重要的价值，或者是单一学科重要的组织性概念；（2）可作为理解和探究更复杂的概念及解决问题的重要工具；（3）与学生的兴趣和生活经验相关，或者联系到需要科学或工程学知识的社会性或个人关注的问题；（4）能在不同的年级进行教与学，并呈现出在深度和复杂性上的水平。[1]

《下一代科学教育标准》在物质科学、生命科学、地球与空间科学和工程、技术与科学的应用4大学科领域中，提炼了13个核心概念：

物质科学的核心概念包括：（1）物质及其相互作用；（2）运动和静止：力和力的相互作用；（3）能量；（4）波及其在信息传播技术中的应用。

生命科学的核心概念包括：（1）从分子到生物体：结构与过程；（2）生态系统：相互作用、能量与动力学；（3）遗传：性状的遗传与变异；（4）生物进化：统一性和多样性。

地球与空间科学核心概念包括：（1）地球在宇宙中的位置；（2）地球系统；（3）地球和人类活动；

---

[1] NGSS Lead States. Next Generation Science Standards：Volume 2. Washington, D.C.:The National Academies Press, 2014.

工程、技术与科学的应用核心概念包括：（1）工程设计；（2）工程、技术、科学和社会的联系。

哈伦和来自世界各国的科学家也提出了选择大概念的7条标准：（1）普遍能运用；（2）能通过不同的内容来展开，可以依据关联度、兴趣和意愿来选择内容；（3）可以运用于新的情况；（4）能够用于解释众多的物体、事件和现象，而它们也是学生在学校学习和毕业以后的生活中会遇到的；（5）能够帮助学生理解遇到的问题并做出决策，这些决策会事关学生自己和他人的健康与幸福，以及环境和能源的使用；（6）当人们提出有关自身和自然环境的问题时，他们为能够回答或寻求到答案而感到愉快和满意；（7）具有文化上的意义。

根据这个标准，哈伦等选择了14个科学核心概念，其中关于科学知识的核心概念10个，关于科学本身的核心概念4个。分别是：

（1）宇宙中所有的物质都是由很细小的微粒构成的。

（2）物体可以对一定距离外的其他物体产生作用。

（3）改变一个物体的运动状态需要有净力作用于其上。

（4）当事物发生变化或被改变时，会发生能量的转化，但是在宇宙中，能量的总量总是不变的。

（5）地球的构造和它的大气圈，以及在其中发生的过程，影响着地球表面的状况和气候。

（6）宇宙中存在着数量极大的星系，太阳系只是其中一个星系——银河系中很小的一部分。

（7）生物体是由细胞组成的。

（8）生物需要能量和营养物质，为此它们经常需要依赖其他生物或与其他生物竞争。

（9）生物体的遗传信息会一代一代地传递下去。

（10）生物的多样性、存活和灭绝都是进化的结果。

（11）科学认为每一种现象都具有一个或多个原因。

（12）科学上给出的解释、理论和模型都是在特定的时期内与事实最为吻合的。

（13）科学发现的知识可以用于开发技术和产品，为人类服务。

（14）科学的应用经常会对伦理、社会、经济和政治产生影响。

2017年教育部制定的《小学科学课程标准》，在一定程度上遵循了科学大概念的原则，课程的内容分成三部分：科学知识、设计与技术、科学探究。其中科学知识从物质科学、生命科学、地球和宇宙科学、技术与工程4个领域选择了适合小学生学习的18个主要概念。从内容上看，与上述哈伦等的大概念基本吻合。

不论是美国的《下一代科学教育标准》（NGSS）确定的13个科学核心概念，还是哈伦等提出的14个科学大概念，都是跨学科的。所以，我们认为义务教育阶段为所有人开设的科学教育课程，不必刻意分成不同学科，而完全可以通过有意义的主题，组织科学核心概念，以综合化的项目学习方式，开展科学探究实践，这应该是未来科学教育发展的趋势。对大部分人来说，掌握科学的核心概念及其相关的知识，了解科学研究的基本方法，形成基本的科学思维和科学精神，对科学探索保持兴趣和尊敬是最重要的。未来基础教育阶段的分科学习会在高中以选修的方式进行，主要是为未来向科学方面发展的人准备的，如物理、化学、生物、地理，甚至应该有更多新兴的学科，如计算机科学、人工智能、材料科学、环境科学等选修课程出现。当然，即使在分科课程选修的情况下，也应该开设一些综合课程，使学生有机会综合运用各学科的知识和技能，提高解决复杂问题的能力。

新教育认同以科学大概念来组织科学教育的理念。问题在于我们怎样利用科学大概念组织课程，是从科学自身的内在逻辑出发，还是从人的发展需要的逻辑出发，或是从两者结合起来的逻辑出发。未来，我们准备把中小学的科学课程用科学大概念的体系贯通起来，从科学大概念的角度选择和组织科学内容。在与个人幸福、国家利益和社会发展密切关联的科学应用领域选择合适的主题，包括：生命与健康、农业与粮食、建筑与交通、信息与通信、能源与资源、地球与环境、灾害和防灾、科学技术前沿（航空航天、人工智能、纳米材料、基因改造等）等。首先这些领域与每个人的生命、生活密切相关，与这些领域相关的素养对个人和社群维持和提高生活质量，制定公共政策都具有特殊价值，是每个人未来发展需要的。而前沿领域对国家和社会发展至关重要。其次，这些领域的问题解决起来往往是复杂的，需要跨学科的知识和能力，从多角度涉及科学大概念的学习和运用。

在围绕科学大概念编排科学教育的课程时，我们会重点把握以下几点：

一是关注概念的层次性。即在不同教育阶段中要注意核心概念的进阶过程，不断加深对核心概念的理解。如物质及其相互作用就包括物质的结构与性质、化学反应、核反应，能量包括能量的定义、能量和能量转化守恒、能量与力的关系、化学过程和日常生活中的能量。

这些内容应该都有一个螺旋式上升的过程。

二是关注概念的一致性。即学生对科学概念的理解要与科学家的理解是一致的,这样才能变成自主的学习者,使他们能够批判性地审视科学证据,并且致力于发展出对科学现象的一致性观念。学生对事物和现象的理解是有前概念的,有些经验概念与科学概念是相异的,进行概念的转变是科学教学的难点,也是提升科学教学质量的关键。

三是关注概念的关联性。即核心概念往往具有跨学科性,帮助学生借助于核心概念的"生产机制",意识到概念之间的联结性,能够将概念运用到身边的情境之中[1],这是科学教学的重点。

---

[1] 马西娅·C·林,巴特-舍瓦·艾伦等. 学科学和教科学: 利用技术促进知识整合. 裴新宁,刘新阳等译. 上海: 华东师范大学出版社, 2016: 8.

(二)

探索基于解决真实情景中问题的项目式学习

如果说按照科学大概念来组织教学内容，主要解决的是学什么（教学内容）的问题，那么，探索基于解决真实情景中问题的项目式学习，主要就是解决怎么学（教学方法）的问题。

波普尔认为：科学探索不始于观测，而是始于问题，"科学和知识的增长永远始于问题，终于问题，愈来愈深化的问题，愈来愈能启发新问题的问题"[1]。同样，科学教育也应该从问题开始，这是科学教育改革的一个重要方向。

所谓解决问题为主的项目式学习，是一种以学生为中心，以解决真实情景中的问题为目标的科学教育方法。项目式学习不像传统的课堂教学把知识从一个脑袋搬运到另外一些脑袋，而是让学生像科学家研究、工程师制造那样去探究，它更强调学生们在解决问题的过程中发展起来的思维和能力，包括如何获取知识、加工知识和运用知识，如何计划项目以及控制项目的实施，如何加强小组沟通和合作等。

项目式学习是近年来兴起的一种重要的科学课程形式，也是一种

---

[1] 卡尔·波普尔. 猜想与反驳：科学知识的增长. 傅季重等译. 上海：上海译文出版社，1986：320.

有效的科学教学方式。新科学教育提倡项目式学习,并将项目式学习分为两类:一类是科学探究项目,一类是工程项目。

科学探究项目:前一轮国家科学课程改革的重要目标是实施以探究为核心的科学学习。科学项目的学习以探索和发现事物及变化的本质为核心,以类似于科学家的科学探究过程学习科学,理解科学。学习一般从发现问题出发,提出假设,设计实验进行验证,对实验的现象或数据进行分析,得出结论。若与提出的假设一致,形成最终的结论;若与提出的假设不一致,就需要评估并重新设计,提出新假设,进行新实验,获得新进展如下图左所示。在这个过程中,学生不仅可以学到新的科学知识和技能,还可以运用科学的方法解决问题,更重要的是学习科学家的思维方式,在体验科学探究的过程中,激发探索的欲望,理解科学的本质,形成科学的态度。

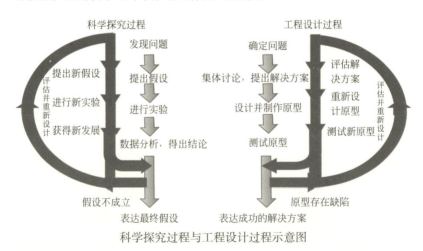

科学探究过程与工程设计过程示意图

工程项目:以类似于工程师的工程设计和实践过程学习科学。工程是指为满足人类需求和愿望而系统且经常是反复地设计对象、过程的一种途径，有别于传统意义上的科学，如物理、化学、生物等的探究过程（如上页图左所示）。不过我们在使用术语"工程"时有一个更为广泛的意思，"泛指以任何参与系统的实践和设计来解决人类问题的方案"[1]。不仅仅是综合应用数学、科学和技术的过程，还是解决真实问题的系统实践，这种分析问题、解决问题的能力是科学素养的重要组成部分，是所有公民都必须具备的。基本的工程素养包括了解工程本质和工程流程，具备一定的工程技能，养成基本的工程思维（如下图所示）。

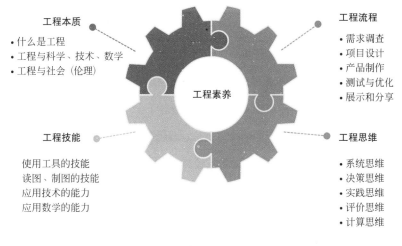

工程素养结构图

工程项目的学习通常是从了解人或社会的需求出发，引导学生调查收集信息，构思设计方案、制作产品或实验、测评和优化、展示和

---

[1] NGSS Lead States. Next Generation Science Standards：Volume 2. Washington, D.C.:The National Academies Press，2014.

分享，以此来解决问题（如 P100 图右所示）。在这个学习过程中，不仅要求学生能够综合应用所学的各种学科知识和技能解决问题，还要在解决问题的过程中形成基本的工程素养。

开发项目式学习要注意以下原则：

一是项目的选择要有意义。"让孩子产生学习欲望，那么一切方法都是好方法"，教学的挑战在于不能把一项计划强加到学习者身上，而是引导他们自觉加入[1]，只有产生学习欲望，真正的学习活动才会开始。项目学习强调解决实际问题，选择一个现实、有意义的问题至关重要。当然，现实的问题不一定都是真实的问题，也可以是虚拟的，但必须是有意义的。首先，有意义的问题能满足学生的探究需求，使之产生兴趣，产生解决问题的愿望；其次，有意义的问题能帮助学生理解科学和科学学习的价值，因为在解决问题的过程中，需要某些科学的知识和技能，有时甚至是创造性的知识或技能。再次，有意义的问题能引发学生对真实世界的思考和观察，进而锻炼在现实生活中解决问题的能力。

二是项目的内容要有整合性。项目式学习往往是跨学科进行的，解决一个复杂性问题往往需要多个学科的知识与技能。当今的科技无孔不入，具有极大的渗透性。把解决真实问题或模拟真实问题作为科技类项目学习的任务，势必涉及众多不同的学科。跨学科的整合不是简单地把几个学科相加，而是交叉和融合。新教育实验倡导不同科学学科间的相互融合，采用科学、技术、工程、数学（STEM）融合的方

---

[1] 安德烈·焦尔当. 学习的本质. 杭零译. 上海：华东师范大学出版社，2015：77.

法解决实际问题,强调人文思想的融入,科学、技术与社会、环境结合(STSE),从历史和哲学的角度思考如何解决问题(HPS)。如环境污染,形成的原因可能是物理、化学、生物方面的,大多与科技的发展和人类的活动有关,因此要解决环境问题,首先要对自然环境及其生态系统有全面深刻的认识,要有人与自然和谐发展的思想。其次通过各种学科的融合和技术的使用解决问题,即用物理、化学、数学的方法对环境进行评估,然后用工程的思想进行系统设计,再用物理、化学、生物等技术处理环境污染问题,还要呼吁公众养成保护环境的意识,倡导绿色生活方式。

三是项目学习的过程要有探究性。科学探究是人们探索和了解自然、获得科学知识、发现科学原理、创造科学产品的重要方法。以证据为基础,运用各种信息分析和逻辑推理、科学实验得出结论,公开研究成果,接受质疑,不断更新、完善和深入,是科学探究的主要特点。项目式学习的过程中,学生需要明确该任务要解决的是什么问题;通过查阅文献,调查问题研究的状况,从中学习和借鉴他人的研究方法;构思和设计解决问题的方案并分析可行性;按设计制作产品有可能失败,要及时调整方案;制作的产品有可能不达标,就需要改进优化;与他人分享设计及产品的过程中,会有异议和争论。可见这是一个发现问题、理解问题、解决问题的探索过程。尽管在此过程中，学生会怀疑、困惑，甚至会有挫败感、绝望感，但由于它的核心是智力挑战、思维训练，所以在解决问题的关键处也会有惊喜与喜悦，有对复杂问题形成新的理解时的豁然与顿悟，有面对失败和争论的坚持或包容，有对科学家、工程师、技术员等不同角色体验的感同身受。

  四是探究方法要有多样性。方法是为了某种目的运用某种材料的一个有效途径[1]。基于问题解决的项目式学习的过程类似于科学探索过程，解决问题的环节不同，解决问题的方法也就不同。"做、读、写"有机融入项目学习过程，促进深度的学习，是新科学教育所特别倡导的。如在发现与提出问题阶段，可以通过阅读了解问题现状，促进和形成有意义的问题；也可以通过创设实验或实践调查发现问题；在文献和实际调查阶段，可以通过文献阅读或调研，写出研究综述，概述研究的历史和现状，也可以调查市面上已有的产品或技术，通过科学实验观察、收集数据，以研究报告的形式说明已有技术存在的问题，还可以以头脑风暴的形式，汇集集体的智慧。在实验或制作阶段前，设计实验方案和绘制实验和产品设计图；在实验或制作过程中，随时记录，及时反思、交流、评价，形成新的方案。在形成结论阶段前，要依据标准，充分交流、研讨，形成研究报告或产品说明等。将"做中学、读中悟、写中思"有机融入项目式学习，深化每一个环节的学习。

---

[1] 杜威. 民主主义与教育. 王承绪译. 北京：人民教育出版社，2001：181.

五是探究行动要有合作性。工程是一个系统，往往需要多个部门、多个工种的相互协作。项目式学习要求学生在一定时间内完成一系列任务，因此学习过程往往需要合作，形成项目学习小组。在这个过程中，学生会扮演不同的角色，既可以独立完成不同的工作，又需要通过合作进行思维碰撞，激发创造灵感，互相讨论，形成共识，协同相助，实现目标。当然，这里有同伴合作，也有师生合作，还可以寻求与父母的合作、与社会的合作。正是在这种合作解决问题的过程中，学生可认识社会的角色分工，认识团队的精神和力量，认识分享和商讨的价值，这是重要的科学精神。

六是项目学习的实施要有科学性。在项目式学习的实施过程中，一方面要像科学家、工程师一样，用严密的思维、合理的流程实施教学，又要考虑学生的认知水平和兴趣爱好。通过工程设计解决问题是项目式学习设计的核心，通常教学也是按照工程设计流程的基本步骤来实施的：分析社会需求，进行工程设计，用科学、数学、技术等解决问题。但帮助学生利用工程设计解决问题不是项目式学习的最终目标，在这个过程中要加强学生的动手能力，创造深度学习的机会，培养学生的科学创新实践能力，全面提升科学素养。学会发现与提出问题、文献查阅与实地调查、构思与设计、制作与实验、测试与优化、成果展示和分享等各个环节的方法，形成系统性思维、决策性思维等一些工程思维习惯，这对于终身学习和发展具有重要的意义。

（三）

推进科学教育教师的专业化成长

在解决了内容和方法的问题之后，谁来教就是关键所在了。正如迈克尔·马修斯在《科学教学——科学史和科学哲学的贡献》中所说的那样："好的教师可以拯救糟糕的课程，而糟糕的教师则可以毁掉最好的课程。"[1]

如前所述，推进新科学教育的一大难点是科学教师。科学教师数量紧缺、专业水平偏低，是科学教育发展的瓶颈。

为了解决教师数量不足的问题，需要联合高等院校，鼓励和培养更多具有科学背景的优秀学生加入科学教师行列；需要创新研发新科学教育的融合课程，鼓励和培训更多其他学科的老师投入到科学教育中来；需要利用社会资源，与相关社会机构或相关专业的高等学校合作，邀请科学专业人士和科学教师开展主题支教活动；需要民间以各学校为单位组建共同体，官方以各部门为单位组建学区或教育集团，促进科学教育资源的积极有序利用；需要运用互联网等高科技的教育技术手段，以"双师课堂""翻转课堂"等多种形式进行网络教学；等等。

---

[1] 迈克尔·马修斯. 科学教学——科学史和科学哲学的贡献. 刘恩山，郭元林，黄晓译. 北京：外语教学和研究出版社，2017：152.

为了解决专业水平偏低的问题,需要关注科学教师的专业发展。新教育实验把教师成长分为职业认同与专业发展两个方面。职业认同是教师成长的内在动力机制,专业发展是教师成长的技术支持系统,两者相辅相成。

1. 科学教师的职业认同

新教育教师的职业认同,是指教师发现和认可自己从事职业的价值,进而产生心理的归属感和职业的幸福感。新教育科学教师的职业认同表现在以下三个方面:

一是指对教师职业的认同。新教育认为,教师不仅是一种职业,教师通过激发学生潜能而激发自我潜能,通过陪伴学生成长而自身不断成长,通过带给学生幸福而收获更多幸福,通过成就学生而绽放自我生命的光芒[1]。这种教育的职业认同是科学教师践行教育思想的理论支撑,也是科学教师走向卓越的重要路径。

二是指对科学及其教育价值的认同。科学教师的科学素养会直接影响教师对科学及其教育价值的认可度,对科学教师职业的认同度。科学教师应该充分理解科学的本质,认识科学与科学教育对个人生活、国家利益和人类社会发展的重要作用,保持对自然的好奇、对探究的热情、对创造发明的崇尚、对科学精神的尊重,只有这样才能在科学教育中撒播科学的种子,激发学生对于科学的兴趣与热情。

三是指对科学家和优秀科学教师的认同。新教育的生命叙事理论认为,每个人都是自己生命故事的主人和作者,每个人都会为自己的生

---
[1] 朱永新. 以智慧的爱尊师敬教. 教育家, 2018(1): 1.

命叙事寻找原型。江苏省小学科学特级教师曾宝俊曾是一位语文教师，当他决定要当一名科学教师时，就有了一个坚定的目标："做一个像全国著名自然特级教师路培琦那样真正热爱小学科学事业的老师。"选择那些能够激励自己不断前行的科学家和科学教师作为榜样，对于科学教师的职业认同也具有重要的作用。

2. 科学教师的专业发展

相对于日新月异的科学发展进程，任何一位科学教师都比其他学科教师更需要有终身学习和专业发展的精神，只有这样才能真正胜任科学教育岗位。因此，我们需要研发并提供不断进阶的科学教师培训课程，在助力一般科学教师成为卓越科学教师的同时，也注重培养更多其他学科教师成为"一专多能"的老师，兼起科学教育的任务。

新教育实验的教师专业发展是以"专业阅读＋专业写作＋专业交往"的"三专"模式作为基础的：专业阅读是站在大师的肩膀上前行，专业写作是站在自己的肩膀上攀升，专业交往是站在团队的肩膀上飞翔[1,2]。结合新科学教育的"读中悟、做中学、写中思"，科学教师的"探究实践"也是专业发展的重要途径。

一是专业阅读。不同学科与不同发展阶段的科学教师，需要阅读不同的专业书籍。目前，适合新教育中小学科学各学段、综合科学及分学科教师阅读的书目正在开发研制中。对于科学教师，我们认为以下的阅读是必需的：

---

[1] 朱永新. 新教育实验——为中国教育探路. 北京：中国人民大学出版社，2017：31.
[2] 朱永新. 新教育年度主报告. 武汉：湖北教育出版社，2014：124.

学科内容知识的书籍。即所教学科本身具体的知识内容,包括学科的事实、基本概念、基本原理、基本技能、基本方法,学科的历史和现状,学科最新成就与未来发展趋势。这些书籍是科学教师教学的根基,也是科学教师科学思维、科学方法和科学精神养成的基础。

一般教育教学的书籍。即帮助教师认同职业、理解职业的书籍。包括一般教学法知识,即普遍适用于各个学科教学的原则和技能;有关教育目的、目标意图的知识;有关学习者的知识,包括学习者的特征和认知,学习动机和学习发展;关于其他课程的知识。

学科教学知识的书籍。这是关于学科内容领域和教育学领域特殊整合的书籍,帮助教师对自己的教学形成专业理解。格罗斯曼(Grossman)则定义 PCK(学科教学知识)由四部分组成:"关于学科教学目的的知识、学生对某一主题理解和误解的知识、课程和教材的知识、特定主题教学策略和呈现的知识"[1]。包括学科教学论,学科实验教学研究、学科教育心理学、探究式教学、教学案例分析等相关书籍。

科学教学拓展知识的书籍。包括科学史、科学哲学、科学社会学、科学技术学等,以及拓展科学视野的科普类书籍,如科学与生活的关系、最新科技成就的展示、科技类的纪录片或科幻类作品等。

二是专业写作。阅读是学习、吸纳,写作是思考、加工。新教育实验将教师的专业写作细化为五种形式:教育感悟、教育叙事、教学案例、教育案例、师生共写随笔等。对科学教师而言,撰写自然科学类的论文,如观察日记、研究报告、发明专利等,也是必需的能力。

---

[1] 冯茁,曲铁华. 从 PCK 到 PCKg:教师专业发展的新转向. 外国教育研究. 2006(12): 58-63.

这种写作与散文、诗歌等文学写作不同,主要要体现问题、思路、方法和由此得出的科学结论。只有教师具有了这种科学写作的能力,才能指导学生以科学的方式进行观察、研究和发明,进而完成研究报告。

科学教育的专业写作往往与科学探究实践紧密联系,两者都是形成科学思维的重要途径。科学技术的迅猛发展,导致科学教师常常感觉自己在科学知识、技术能力上的欠缺。但事实上,科学教师更缺的是科学探究的实践。研究表明,科学教师的探究能力直接影响学生探究活动的开展,教师的创新能力直接影响学生的创新实践活动的开展。教育部基础教育质量监测中心监测数据还表明,科学教师探究式教学水平也与学生科学成绩有密切关系。以四年级科学为例,与探究教学水平低的科学教师相比,探究教学水平高的科学教师所教学生,科学学业达到中等及以上水平的比例高9.7%,达到优秀水平的比例高12.7%。在八年级物理、生物、地理学科中也存在同样规律,具体数据详见下表[1]。

年级及学科	达到中等及以上水平的学生比例			达到优秀水平的学生比例		
	探究水平高的教师	探究水平低的教师	二者差值	探究水平高的教师	探究水平低的教师	二者差值
四年级科学	86.8%	77.1%	9.7%	24.2%	11.5%	12.7%
八年级物理	87.9%	62.7%	25.2%	22.8%	7.6%	15.2%
八年级生物	89.7%	82.5%	7.2%	12.7%	6.0%	6.7%
八年级地理	82.3%	78.4%	3.9%	19.6%	14.9%	4.7%

---

[1] 教育部基础教育质量监测中心. 中国义务教育质量监测报告 [EB/OL]. [2019-05-10] http://www.eachina.org.cn/shtml/4/news/201807/1749.shtml.

苏州大学母小勇教授2013年在SCIENCE发表的论文《中国科学教师的培训》，从美国历史上的几个著名教育改革分析全球科学教育共同面临的问题，就是科学教师自己是否经历过并理解科学探究实践。他提出，科学教育的关键问题是科学教师自己经历过并理解科学探究，因为只有在科学研究的过程中，才能学会博采众长，而在研究过程中各方面的专家对其研究提出的专业建议可以为其专业发展提供强大的推动力。即使是一个失败的探究过程，教师也能在失败的基础上进行反思，得出科学的探究是要得到自己的结论，而不是去验证别人的结论。他认为，科学教师可通过以下策略提高科学探究实践能力：（1）通过科学史学习，让教师理解科学；（2）通过科学家与被培训教师长期"接对"，开展科学研究，让教师领会科学探究范式与方法；（3）通过典型科学教学案例和科学认知规律分析，让教师掌握学生科学探究活动的设计方法；（4）通过"借班"上课后的专家点评和自我反思，让教师提高科学教学的智慧[1]。

在科学探究实践中，动手实践能力是科学教师的关键能力，"做中学"是科学教育的核心。无论是小学的科学标准，还是中学各科的课程标准，都对中小学科学教师的实验动手能力提出了新的要求。如中学化学课程标准提出，"教师应结合日常生活和生产中的实际问题，设计适合学生动手操作的实践活动""创造条件让学生接触一些先进的实验仪器和设备，努力提高实验条件和实验手段的现代化水平"[2]。提升科学教师动手实践能力的基本方法就是多思多动多创造。新教育有很多这样的科学教师，用自己的创造发明带给自己发展的机会，也带给

---

[1] Mu X Y. Science Teacher Training in China. Science, 2013, 341(6145)：456-457.
[2] 中华人民共和国教育部. 义务教育化学课程标准. 北京：北京师范大学出版社，2011：33.

学生不一样的科学探究体验。

　　成都市金堂县三溪镇小学夏位刚是一位农村小学的科学老师，尽管学校的硬件条件比较差，但为了上好科学课，培养学生的动手动脑能力，他像一个收破烂的一样，收集了一个小房间的生活中的"废物"，制作各种各样的教具和实验器材。他的科学课堂总是因创造而充满幸福和快乐。他本人也多次获奖，其中，《椭圆圆规》获成都市一等奖，《浮力速测器》甚至获四川省一等奖。他的经验是"作为一个科学教师要善于收集身边的一些器材，来解决实验中的一些问题"，当然，"教具不是闭门造车、冥思苦想做出来的，而是要认真钻研教材，结合教学实际，针对教学中存在的疑难问题，想办法来解决它。制作的教具必须有它的实用价值，用于解决教学中的实际问题"。

　　三是专业交往。一个人可以走得很快，一群人才能走得很远。在江苏海门，每一位名师都有自己的工作室，带领了一群教师前行。如海门新教育实验学校校长仇丽君是一位小学科学的特级教师，在海门謇公湖科教城的证大小学时，就组建了一支团结能战的行政教师队伍，以"我来擦星星"为教育理念，以"我还可以更闪亮"为校训，以"脚踏实地　仰望星空"为学校精神，以"珍爱每一个，发展每一个，让每一颗星星都闪亮"为学校使命，向着"省内科技教育示范校，全国新教育实验窗口校，未来地球村概念特色校"的办学愿景，架构了学校"地球村'野'孩子""地球村'雅'孩子""地球村'新'孩子"三大校本特色课程体系，建设了"北极星科学院""文曲星书友会""海王星信息谷""启明星艺术团""文昌星民俗苑""武曲星运动馆"等六大课程资源中心，在短时间内，让一所仅百人的涉农街道小学迅速崛起，成为一颗明亮的新星。如今，她的"STEM科学名师工作室"以"扎根科学教育田野，培养未来创新人才"为基本出发点，又聚集了一批志同道合、怀有相同教育理想和追求的科学、信息技术等学科教师，以"专业引领、同伴互助、交流探讨、共同发展"为宗旨，探索具有中国特色的STEM科学教育。

借助专业交往，形成专业发展共同体，提升教师的专业化水平，是教师成长的必由之路[1]。科学教师可以建立同一教研组、年级组的，或者本校的、校际的，以及利用网络的各种专业发展共同体，通过在共同体中的对话、沟通、交流、分享，突破个体思维的局限。这些年来，新教育实验通过教育在线网站、新教育APP等平台，建立了新教育教师读书会、新教育网络师范学院、新教育种子计划、新教育萤火虫等各种专业交往群落。我们也希望更多的科学教师加入其中，共同研究科学教育问题。

由于科学发展的专和深，科学教师的专业发展还需要借助社会的力量，新教育提倡中小学与大学、科研机构、科技企业、科技场馆的合作，一方面学习一些科学技术的新内容和新应用，另一方面也可以与这些专业人员一起形成共同体，一起研究科学教育，一起开发校本课程和项目式学习。目前，新教育研究院与悦读名品文化传媒（北京）有限公司和北京触动文化科技发展研究中心合作，共同成立了新科学教育研究所。依托研究所，今后会开展一系列的教研活动、课题研究，开发教学资源和进行教师培训。

---

[1] 朱永新. 新教育实验——为中国教育探路. 北京：中国人民大学出版社，2017：32.

(四)

建构家校共育为特征的新科学教育资源库

教育资源库一般分为四个方面：一是知识资源，即教育理论和实践的知识体系。二是人力资源，即掌握知识体系的相关教育管理人员和一线执行人员。三是文化资源，即相关的规章制度建设、社会环境等软件建设。四是物质资源，即相关的教育基础设施以及硬件建设。

在新科学教育中，要在学校教育的体系之外，努力以家校共育为特征建立资源库。知识资源为正在研发中的新科学教育课程和读本，文化资源是当下的各项规章制度，人力资源为新科学教育教师和相关科学专业人员。在物质资源上，和学校里的配置有较大不同，具有以下特点：

一是资源丰富，形式多样。在校外，不仅有自然这个大宝库，还有各种博物馆、科技场馆，学生综合实践活动基地，工业旅游和农业旅游基地。很多学校也建了博物馆、标本室、生态园、气象或天文观测站等。

二是情境真实，素材亲近。如家庭中的锅碗瓢盆，冰箱彩电，都是学生熟悉的物件，家庭的绿植、食品等都是天然的实验材料，解决的也是生活问题；如科技场馆有各种各样真实的科技产品，展品的主题非常鲜明，能源、环保、生命科学、航空航天、人工智能等，一应俱全。

三是技术先进，趣味性强。如家庭中的很多玩具包含科学原理，有技术含量。科技馆中许多模型更是制作精美、形象，产品的可操作性、体验性强，再加上VR、AR等高科技应用，展品的游戏性和趣味性也很强。

四是开放性和复杂性。它们地处教室之外，与自然衔接，与生活衔接，与社会衔接，具有开放性。它们不是课程标准规定的科学教学内容，所处的环境更多样、涉及的学科门类繁多、解决问题的方法更多元，具有复杂性。

要使这些具有丰富性、趣味性、开放性、分散性、复杂性特点的资源在新科学教育的开展中产生合力，关键是学生在非正式学习环境中也能主动地进行深度学习。

因此，除了研发一些特色的校本课程外，我们建议采用任务驱动式教学法进行科学教学。"任务驱动"是一种建立在建构主义学习理论基础上的教学法，通常是将学生的学习活动与任务或问题相结合，让学生带着真实的任务学习，通过设定各种不同的学习任务对教学内容进行组织与整合，引导学生在解决问题的学习活动中思考、探索、发现，甚至创新。

家校合作能激活教育磁场，新教育一直把家庭作为教育的重要场所之一。家庭实验也成为新科学教育的自然产物。在家庭的科学教育中，一些科学教师探索的"家庭实验室"特别值得倡导。如江苏省南通市通州区张謇学校周玉华老师就不断梳理教材、整合资源，让学生的科学"课堂实验"与"家庭实验"无缝对接，并完善制度，对学生展开积极评价、个别指导，取得了良好成效。而就科学教育而言，家庭实验又有一些特殊的功能：它们是真实的生活情境，不仅有唾手可得的科学资源，如厨房、阳台、卫生间等都是天然的实验室，而且这些东西每日所用，让学生了解科学是可亲近的。其次，家庭中应该是能者为师，对相关科学有所储备的亲人，不论年龄大小都可以成为老师，这样的互动不仅使学习更轻松，更具个性，个别化的教育也更有效，而且还能改善亲子关系。再次，家庭中的科学教育受益面更广，由于家庭实验的内容往往是生活化的，是实用的，在亲子教育的过程中，对父母也是学习，因此它提高的是几代人的科学素养。

家庭科学教育存在的最大问题：一是习以为常的生活经验怎样成为学生感兴趣的科学现象；二是怎样让不同科学素养的父母都能充分发挥家庭实验室的作用，与孩子分享科学的快乐；三是怎样保证无规则家庭实验的安全。化学工业出版社出版的《翻转吧，科学——爸爸的科学课》利用空塑料瓶、气球、绳子、水、空气、土豆等开发了200多个家庭的科学趣味实验，还拍摄了相关小视频，使孩子做实验更自主，也方便父母指导。

新教育的家校共育中还有重要的一方——社区。利用社区或者社会教育的博物馆、科技馆，也是新科学教育特别倡导的。2018年成都武侯新科学教育主题年会期间，成都石室双楠实验学校以"走进科普场馆　造就科学梦想"为主题，将学生学科学的场所移至四川省科技馆，利用专业的社会科学教育场馆资源，探索在非正规的教学环境中的科学学习。教师们依托科技馆的展品，制作了声、光、电，防灾避险，营养超市、健康餐厅，都江堰水利工程，航空航天，数学与力学等项目的任务学习单,让学生以任务为驱动,结合游戏化的教学设计,在科技馆中观察和比较展品,或利用展品动手操作,进行探究式学习和深度体验。再对学习的内容进行交流、评价,打通抽象科学概念与应用的壁垒,对不同年龄段学生进行别具一格的科学教育。其中刘永芬老师、徐丹老师带领学生在"数学和力学厅"参观学习后,深有感悟:"学生利用展厅的滑轮自己拉起自己,利用杠杆拉动汽车……他们兴趣盎然,运用课堂所学知识进行预测、实验,再进一步归纳、总结,进一步理解关于滑轮、杠杆原理、能量守恒定理的实际应用。这次用任务学习单的方式让学生们参观科技馆,学生们不再是走马观花,而是学会观察、思考、归纳、总结,将知识学以致用。"

选择合适的课题,让感兴趣的学生组成团队进行探究性学习,可以更充分地将社会的科学资源融入科学教育。《文汇报》2017年1月曾经以《博物馆课堂让师生收获了什么》为题报道了上海的中小学利用博物馆进行科学教育的案例。针对几年前浙江建德一石斛种植基地遭到蛴螬昆虫的侵害的现象,上海育才初级中学7年级学生臧一梵在生物教师马志雄的指导下,自主设计开展了《金龟总科昆虫的生命周期及其幼虫对植物的危害》的课题。他们在自然博物馆里一边参观,一边学习,完成了相关研究。凭借这一课题,臧一梵入围上海市青少年"明日科技之星"评选。有着近30年教学经验的马志雄感慨地说:"将课堂迁移至博物馆,从原本单调的课本学习变为课题探究,真正让学生产生学习的兴趣。"

(五)

发展有利于学生学习的新科学教育评价

20世纪80年代末，美国著名评价专家古巴和林肯（E.G.Guba & Y.S.Lincoln）对教育评价发展史进行了归纳和梳理，将评价发展史划分为"测验－描述－判断－建构"几个时期。

量化的测验由于其操作过程具有简明、精确的特点，可增强测评结果的客观性。但教育的对象是人，量化实际上是将复杂的教育现象简约化，数据难以反映教育过程中最有意义的部分。于是质化的描述兴起，人们主张通过观察、描述、讨论、解释、鉴赏等方式，在关注学生的知识、能力以外，还要关注学生的情感、态度、价值观等变化。但不论是量化的测量，还是质化的描述，都只是简单地把知识和技能剥离开情境进行分解考查，都离开了学习的过程而只关注测试的结果，这样的教育评价更多的是用于甄别和管理。

第三代教育评价理论的代表人物——美国教育评价专家斯塔弗尔比姆（Stufflebeam, D.L.）提出了新的教育评价理念，认为"评价的最大贡献是确定教程需要改进的地方""评价最重要的意图不是为了证明

(prove)而是为了改进(improve)"[1]。这个思想深刻地影响了现代教育评价的发展,它在坚持教育评价的诊断和甄别功能的同时,突出对教育改进和发展的重要性和积极性,并指出了新一代教育评价实施的关键是评价结果的解读和应用,即进行教育咨询。由世界经济合作开发组织(OECD)开展的 PISA 测试就已经形成了一种政策导向性的指标体系[2]。

古巴和林肯在分析前三代评价缺陷的基础上,提出了"第四代评价"应该打破以往评价中出现的"管理主义的倾向",倡导"价值多元"的信念,使评价成为各有关方面形成"共同心理构建"的过程[3]。在这种教育评价理论中,教育评价应该建立在建构性探求方法的基础上,强调探求评价本身是一个不断协商的过程,一个不断发展新问题、不断验证新问题的过程。而评价结果是评价者在与评价对象不断交互作用中形成的一种看法,评价过程也只能是评价双方一种不可分离的共构过程。这种评价思想强调将完整的有血、有肉、有情感、有个性的人当作自己的对象,并努力通过评价促使受教育者个性的充分发展。第四代教育评价思想的出现,继续强化了教育评价、咨询与教育改进的一致性、协同性观点,把教育评价、咨询作为实现教育改进的关键。确立了以促进人的发展为教育评价的主题。

未来的新一代教育评价系统,应该以第四代教育评价理念和理论

---

[1] National Education Technology Plan.[DB/OL]. [2019-05-10]. https://tech.ed.gov/netp.

[2] 王连琴. 国际教育项目发展及其对我国中小学教育评价的启示. 教育理论与实践. 2010(12): 47-49.

[3] 张民选. 回应、协商与共同建构——"第四评价理论"评述. 外国教育资料. 1995(3): 54.

为基础，融合认知诊断理论、多维项目反应理论和实质性评价理论为一体，集成科学可靠的"评定、甄别、诊断"三大基本功能，不仅可以服务于教育科学决策和管理（评定功能），而且要科学可靠地解决"因材施教→育才"（精细化甄别功能）、"因人施教→育人"（精准化诊断功能）。

新科学教育提倡教育评价目的，不是简单地对学生进行甄别和划分等级，更重要的是通过评价促进学生发展。即通过形成性评价了解学生学习目标的达成程度，通过诊断性评价确定学生存在的学习困难，通过活动性评价了解学生在完成活动过程中的行为表现，通过学习档案袋了解学生的学习过程，全面考察学生科学素养在各个不同方面的养成程度。

新科学教育主张教育评价的内容，不是单纯以掌握知识的多少为标准，而是重点考察在真实情境中学生表现的素质。即设计的问题对学生的生活和发展是有意义的，是让学生有所感悟的；解决问题的过程是可以使用辅助工具的，要观察学生对工具（如数据表、计算器）等的运用能力；解决问题过程中可以独立表达观点，也可以与教师和同伴沟通交流，关键是要在这种共同商讨中了解学生所思所想。并不是要学生完成一个活动或创作一个作品来证明其所知所能，而是观察学生在真实情境中表现出的所知所能、所作所为。

新科学教育坚持教育评价的方法，不是单纯的标准化测验，而是要对学生"做中学""读中悟""写中思"进行活动表现评价，即评价学生学科学时的行动、操作、展示、写作、表演等更真实的表现评价其科学思维能力、科学实践能力、创造能力，包括口头表达能力、文字表达能力。在这个过程中，教师不是以既定的标准、独立的身份对学生进行评价，而是在与学生的沟通中达成，甚至是与家长的沟通中达成，还要鼓励学生通过写日记和学习感悟等方式进行自我反思和评价。

海门中学的蔡伟老师是全国劳动与技术教育先进工作者，全国青少年创新教育十佳辅导教师。他在科技活动的辅导中非常重视使用合理的评价手段促进学生发展。他了解每一名学生，从而在开展活动时充分利用每个人的特长；他让学生了解他们"虽不是科学家，不是思想家，不是工程师，不是艺术家，但却是勇往直前的破冰者，用智慧与合作，可以开辟属于自己的新的天地"。在制作结构模型的活动中，他用工程的标准要求学生去达到制作目标，但这其实不是他评价学生的唯一标准，他更注重的是在活动中利用这些标准鼓励学生发起一个又一个的破冰挑战；他要求每位学生写"工程师日记"，不仅记录活动的过程，还要学生思考感悟，分析自己在学习过程中的收获和存在的问题。他注重利用评价促进学生在知识结构、动手能力、语言表达、团队协作精神、创新意识等方面得到立体化发展，为在更高的平台上展示打下了扎实的基础。他总是说，激发学生的兴趣是最重要的，他会带学生去参加各类科技创新、科技知识及电子制作等方面的竞赛，他辅导的学生有近百人获省级一等奖及以上。很多学生也因此选定了未来的职业发展方向。

新科学教育坚信未来随着教育技术的进一步应用，学校不仅拥有最先进的教学技术，而且会拥有基于大数据分析的教育改进结果，这就需要教师不但能科学地利用信息技术来改变和丰富教学内容，而且能针对大数据分析结果精准了解每个学习者的个性化需求，了解每个学习者学习过程的变化，进而能让学习者反思自己在学习中存在的问题，从而不断全面提高自身素养，发展个性。如成都机投小学就在区数据中心基础上建立了西南第一家校级教育数据管理中心，用以打通各种测评数据，形成对师生发展的综合性评价。目前他们正在将学校产生的大量后台数据交由专业公司对接进行分析，帮助学校建立素养模型。

结语

（成都宣言）

2018年7月，新教育人汇聚成都，以新教育课程体系下对科学教育课程的探索，即新科学教育探索为主题，开启新的研究，力图让科学之光照亮求真创新之路。今天，我们形成如下共识：

中华民族伟大复兴的中国梦对国民科学素养和拔尖创新人才提出了新要求，科教兴国、人才强国已经成为我们的基本国策，科学教育正在成为我们的国家战略。

新教育认为，科学是人类文化的组成部分，是人类在特定的时间对自然和物质世界进行系统认识、解释的尝试。科学知识的获取、得到和承认是基于经验证据的，要依靠观察、实验、模型、逻辑以及数学等方法，科学问题、概念、理论的提出和发现需要创造性思维。科学的发展和应用与社会有不可分割的内在联系。

新科学教育是幸福完整的教育生活的重要组成部分，是以求真和创新为宗旨，以培养并提升科学素养为目标，帮助学生树立科学观念、学习科学知识、培养科学思维、掌握科学方法、发展提出问题与解决问题的能力、形成科学精神与社会责任感，学校教育、家庭教育、社会教育多方合力，通过"做中学""读中悟""写中思"等方法进行的教育。

新科学教育具有特殊的价值与意义。对于科学来说,新科学教育从源头上促使人们对科学认识自身进行反思,从行动上把握着未来科学创造的方向。对于个人来说,新科学教育有助于养成科学的生活方式,拓展生命的长宽高,拥有幸福的人生。对于国家来说,新科学教育有助于建设现代化强国,实现中华民族伟大复兴的中国梦。对于社会来说,新科学教育有助于整体团结安定,人民安家乐业,和谐相处。对于人类来说,新科学教育有助于推动人类进步,构建人类命运共同体,促进与自然共生,维护世界和平。

新科学教育需要遵循六大原则:注重科学与人文相结合,让科学教育更有温度;注重动手与动脑相结合,让科学教育更有力度;注重校内与校外相结合,让科学教育更有长度;注重分科与融合相结合,让科学教育更有深度;注重传统与现代相结合,让科学教育更有高度;注重全体与个体相结合,让科学教育更有广度。

新科学教育的实施路径是"做中学、读中悟、写中思",目的是让学生在科学教育中领悟科学的魅力,体验科学实践的完整性,更深刻地理解科学的本质,使科学教育在师生的幸福完整教育生活中发挥积极的作用。

未来几年,新教育将致力于研发新教育理念下的科学教育课程;致力于探索基于解决问题的项目式学习;致力于推进科学教师的专业化成长;致力于建构以家校共育为特征的新科学教育物质资源库;致力于发展有利于学生学习的科学教育评价项目。

人类在科学之路上的探索,从未止步。人类在科学教育上的自我反思也应该与时俱进。站在二十一世纪，以新的科学教育，以充满人性光辉的科学教育，再一次呼唤国人的理性自觉和智性勃发——这是我们这个时代科学教育的使命所在，也应该成为每一个中国教育人的梦想所在。新教育人希望能够通过我们自身的努力，让科学之光照亮我们的求真创新之路，让科学教育之光不仅照亮我们共同的明天，也同时温暖我们人类自身的存在。

后　　记

本书是新科学教育团队协同攻关的成果。

本书初期由我拟定基本思路、框架后，新科学教育研究所所长郝京华教授、执行所长王伟群教授，苏州大学新教育研究院院长许庆豫教授、杨帆博士，新教育研究院副院长童喜喜女士承担了前期的调研、文献资料的收集与整理等工作，并组织召开了多次研讨会。在研读文献、调研学习的基础上，对初稿进行修订完善，经过前后共计十余次修改，综合新教育理事会和相关专家的意见后，合成定稿。

其间，我们多次请教清华大学刘兵教授、中国科学院大学胡志强教授、教育科学出版社单举芝先生、悦读名品文化传媒（北京）有限公司董事长张文虎先生、国家督学成尚荣先生、江苏省教育学会副会长叶水涛先生，新教育理事会许新海理事长和江苏海门的科学教师团队，新教育研究中心严文蕃主任（美国马萨诸塞大学波士顿分校终身教授）、冯卫东副主任、李宜华副主任，苏州大学新教育研究院唐斌教授，公众教育研究院张勇院长，新教育研究院李镇西院长、陈东强副院长、张荣伟副院长，苏州大学母小勇教授，扬州大学吴星教授，苏州科技大学田芬博士，苏州大学朱玉芳博士，苏州大学附属实验中学陈国安校长，科学特级教师曾宝俊老师，以及昆山娄江实验学校储昌楼校长等，同时在北京新科学教育研究所、苏州大学新教育研究院、海门新教育实验区、成都武侯新教育实验区、沈阳皇姑新教育实验区、相城实验中学、昆山娄江实验学校等地多次召开了专题研讨会与开放周，并于 2017 年 11 月在海门召开了科学教育的国际论坛，承蒙多位参与者贡献了一线大量案例与精彩点评，提出了许多珍贵的思想与宝贵的建议。我的在校博士生团队也参与了部分工作。

特此说明并感谢所有为本文做出贡献的专家朋友和新教育同仁。